les classiques illustrés Hatier
œuvres et thèmes
Collection dirigée par Georges Sylnès et Françoise Rachmühl

une œuvre

LE CHEVAL D'ORGUEIL
PIERRE-JAKEZ HÉLIAS

un thème

TRADITIONS ET COUTUMES
J. LACARRIÈRE, H. BOSCO, N. KAZANTZAKI, CHOW CHING LIE

présentation et commentaires de Ariane CARRÈRE
CERTIFIÉE DE LETTRES MODERNES

© HATIER PARIS MARS 1984

Toute représentation, traduction, adaptation ou reproduction, même partielle, par tous procédés, en tous pays, faite sans autorisation préalable est illicite et exposerait le contrevenant à des poursuites judiciaires.   Réf. : Loi du 11 mars 1957.

ISSN 0184-0851   ISBN 2-218-**06765**-X

Traditions

LES AUTEURS ET LES TEXTES

Introduction, 4

1ère partie : Le Cheval d'Orgueil

1. Comme père et mère, 6
2. L'école, 11
3. « Mon père devint donc grand valet », 13
4. Le mariage, 17
5. La naissance du « Fils du Roi d'Hibernie », 20
6. Le pantalonnage, 24
7. Le mois des contes, 28
8. Comment on élève les garçons, 33
9. La mort, 35
10. « Maintenant, c'est la veille de Noël », 38
11. Les pardons, 42
12. Têtes rouges, Culs blancs, I, 45
13. Têtes rouges, Culs blancs, II, 48
14. « Une connaissance du français est un bel atout... », 50
15. Le facteur-piéton, 53
16. Le pain, 56
17. La vieille semaine, 59
18. Le cochon, 62
19. Les crêpes, 68
20. Le café, 72
21. Le lit clos, 74
22. Le tourisme, 78

2e partie : Traditions et coutumes

J. Lacarrière : L'hospitalité crétoise *(L'Été grec)*, 84
J. Lacarrière : Saveur du pain *(L'Été grec)*, 88
N. Kazantzaki : La Semaine sainte *(Le Christ recrucifié)*, 90
Chow Ching Lie : Un mariage en Chine *(Le Palanquin des larmes)*, 97
M. Gurgand : La pomme de terre, étrange plat *(Les Demoiselles de Beaumoreau)*, 103
H. Bosco : magie de l'eau *(L'Enfant et la Rivière)*, 107
H. Vincenot : Quelle corvée, la toilette ! *(La Billebaude)*, 110
A. Sylvère : Mon enfance *(Toinou)*, 113
R. Rolland : Christophe et son grand-père *(Jean-Christophe)*, 118
É. Carles : Le poêle *(Une Soupe aux herbes sauvages)*, 121
C. Duneton : La rentrée des classes *(Parler croquant)*, 125

et coutumes

LES GRANDS THÈMES DE RÉFLEXION, D'IMAGINATION ET D'EXPRESSION

1. COUTUMES ET TRADITIONS

L'enfance, 11, 20, 33, 72, 107, 110, 113, 118, 125
La famille, 28, 33, 107, 113, 118, 121
L'école, 11, 45, 48, 50, 125
La pauvreté, 11, 13, 48, 56, 59, 113
La nourriture, 13, 56, 62, 68, 72, 84, 88, 103
Les vêtements, 6, 20, 24, 84
L'habitat, 74, 113, 121
Les métiers, 13, 48, 53, 59, 62
Les rapports sociaux, 9, 17, 35, 59, 67, 72, 78, 84, 97
La religion, 42, 45, 74, 90
La politique, 45, 48, 50
La mort, 35
Les fêtes, 17, 24, 38, 59, 62, 90, 97
Les contes et récits, 28, 118
Les croyances, 11, 17
L'eau, 78, 107, 110

2. EXPRESSION ÉCRITE OU ORALE

Réflexions sur le texte, 9, 12, 16, 19, 22, 26, 31, 34, 37, 40, 44, 47, 49, 51, 55, 57, 61, 66, 71, 73, 77, 80, 87, 88, 96, 101, 106, 108, 112, 117, 120, 123, 127
Comparaison de textes, 10, 16, 19, 27, 40, 52, 58, 102, 117, 120, 128
Enquêtes, 12, 19, 34, 41, 49, 52, 71, 73, 81, 89, 96, 106, 124
Exposés, 23, 32, 47, 89, 96, 102
Lectures, 12, 34, 61, 67, 109, 117, 124
Récits et anecdotes, 16, 19, 23, 32, 41, 52, 55, 61, 67, 71, 73, 77, 82, 87, 88, 106, 109, 112
Sujets de réflexion, 10, 12, 16, 27, 32, 37, 41, 44, 47, 52, 58, 67, 81, 82, 87, 102, 124
Vocabulaire, 19, 32, 40, 44, 61, 73

INTRODUCTION

Cela dut commencer un soir quand l'homme préhistorique qui venait d'apprivoiser le feu prit l'habitude de réunir les siens pour s'y chauffer.

Cela devint un rite.

Puis l'homme se mit à parler, à danser, à se vêtir pour des fêtes.

Cela devint une multitude de coutumes.

Chacun reconnut sa tribu à un mets particulier, à une manière de construire la hutte, aux bijoux des femmes.

L'homme eut enfin une origine et, dans ses propres racines, il puisa sa science, ses goûts. Il eut moins peur de l'avenir. Le Passé le portant, il put entreprendre.

Nous venons tous de quelque part.

Pierre-Jakez Hélias, plus que tout autre, sait l'héritage qu'il a reçu. Sa Bretagne vibre en lui. Loin du regard factice du touriste, il a su en décrire toute la beauté et la simplicité. Il s'agit d'une véritable histoire d'amour avec un pays.

Dans cet ouvrage où *Le Cheval d'Orgueil* sert de référence, on trouvera en parallèle d'autres auteurs de régions ou de pays différents, qui eux aussi ont vécu dans une terre qu'ils aiment profondément et dont ils nous font partager la passion.

A travers différentes coutumes et traditions, ce recueil conduira les jeunes à sentir une sorte de géographie intérieure et leur montrera que chaque être humain porte en lui son pays, sa région ou tout simplement son village.

L'auteur

Pierre-Jakez Hélias est né en 1914 à Pouldreuzic, sur la baie d'Audierne. Fils de paysan, il est boursier au lycée de Quimper, étudiant à Rennes et réussit l'agrégation de Lettres. Il reste en Bretagne où il enseigne dans divers établissements. A la Libération, il assure des émissions en breton, langue qui a bercé son enfance.

Il fait paraître des œuvres dans lesquelles éclate son amour pour son pays : études *(Le Pays Bigouden — Vivre en Cornouaille)*, contes, poèmes *(Manoir secret — La Pierre noire)*, roman *(L'Herbe d'or)*.

Son œuvre maîtresse est *Le Cheval d'Orgueil* dont le titre est explicité par cet exergue : « Trop pauvre que je suis pour acheter un autre cheval, du moins le Cheval d'Orgueil aura-t-il toujours une stalle dans mon écurie. » Alain Le Goff l'Ancien.

PREMIÈRE PARTIE

LE CHEVAL D'ORGUEIL

Le "vrai" Cheval d'orgueil : le grand-père de l'auteur, Alain le Goff.

1. Comme père et mère

Quand Pierre-Alain, mon père, épousa Marie-Jeanne Le Goff, il n'avait qu'une lieue à parcourir pour passer de la ferme de Kerveillant, en Plozévet, au bourg de Pouldreuzic où il allait vivre désormais avec sa femme. Il vint à pied, le torse bien droit, parce qu'il portait, sur la tête, une pile de vingt-quatre chemises de chanvre qui constituaient le plus clair de son avoir. En effet, ces chemises étaient à peu près tout ce que sa mère, Catherine Gouret, avait pu lui préparer pour son mariage. Le chanvre en avait été récolté, roui[1], broyé à Kerveillant et filé au rouet par Catherine elle-même. Comme d'habitude, ni plus ni moins. Avec le fil obtenu, on avait fait deux écheveaux qu'on avait portés au tisserand. Le premier, de chanvre pur, devait servir à faire des sacs de pommes de terre. Au second étaient mêlés des fils de laine pour adoucir le tissu. Celui-là fournirait les chemises de la maisonnée. Ensuite, les chemises et les sacs devaient se rencontrer immanquablement sur le dos des gens, les unes supportant les autres et généreusement rapiécées comme eux lorsque l'usure montrerait la peau de l'homme ou celle de la pomme de terre. Et les sacs vides, au surplus[2], repliés un coin dans l'autre, serviraient encore de capuchons et de dossards[3] pour les temps de grosses pluies parce que les pauvres bougres[4] de l'époque ne connaissaient pas d'autres survêtements. Quand mon père eut fait la guerre de Quatorze d'un bout à l'autre, l'armée lui laissa son dernier manteau d'artilleur dans lequel il se fit tailler son premier pardessus pour dix ans.

On avait pourtant des chemises de toile pour le dimanche. Une, quelquefois deux. Mais on ne se plaisait pas trop dedans. Elles ne tenaient pas au corps, elles glissaient dessus. Elles étaient trop minces, on avait l'impression d'être nu. Heureusement, il y avait le gilet à deux pans croisés, montant au ras du cou et descendant largement jusqu'aux reins, pour vous garantir en toutes saisons, les jours de fêtes. Mais rien ne valait les chemises de chanvre pour le travail quotidien. Elles buvaient votre sueur généreusement et sans vous refroidir.

---

1. *Rouir* : isoler les fibres textiles en détruisant la matière gommeuse qui les soude par une macération dans l'eau.
2. *Au surplus* : d'ailleurs.
3. *Dossard* : carré d'étoffe que l'on porte sur le dos.
4. *Bougre* : individu, type.

ROSCOFF. — Les Lavoirs

Carte postale du début du XXe siècle.
La grande lessive était une corvée d'importance pour les femmes.

Elles étaient les cottes de mailles des misérables chevaliers de la terre. A être portées jour et nuit, elles n'apparaissaient guère plus grisâtres à la fin de la semaine qu'au début. Une bénédiction, je vous dis. Mais il fallait en avoir beaucoup parce qu'on
40 ne faisait la lessive que deux fois par an, au printemps et à l'automne. Quand on en dépouillait une, toute raidie par la terre et l'eau de votre cuir, on la jetait sur le tas des autres, dans quelque coffre ou un coin d'appentis[5]. Là, elle attendait la grande lessive d'avril ou septembre. Et tout recommençait.

---

5. *Appentis* : hangar, remise.

La grande lessive était une corvée d'importance pour les femmes. Comme toutes les besognes sérieuses, elle durait trois jours qui correspondaient, dans l'ordre, au Purgatoire, à l'Enfer et au Paradis. Le premier jour, on entassait le linge dans d'énormes baquets de bois que l'on recouvrait d'une *linsel skloagerez*, sorte de drap de chanvre tissé très gros et donc poreux. Sur ce linceul, on répandait largement une couche de cendres préalablement tamisées avec soin. On faisait chauffer des chaudronnées d'eau et on jetait cette eau bouillante sur les cendres qui allaient tenir lieu de lessive à défaut de savon ou d'autres produits, alors inconnus ou trop chers. L'eau se chargeait de cendres et passait à travers le tissu grossier pour aller imprégner et détremper les linges à laver. On laissait la chimie faire son effet pendant la nuit. Le jour suivant, on chargeait le tout sur une charrette et on le conduisait au lavoir.

Là, les femmes du village et des environs, armées de leur battoir, venaient apporter leur aide, à charge de revanche. Elles battaient le linge depuis l'aube jusque vers les quatre heures de l'après-midi, sans autre chose dans le corps que la soupe maigre qu'elles avaient avalée avant de partir. Mais les langues ne cessaient pas d'aller bon train. A mesure que les affaires étaient décrassées dans une première eau, elles étaient jetées dans un second lavoir plus petit et plus propre. Quand c'était fini, une femme se dépouillait le bas du corps et descendait dans le lavoir, retroussée jusqu'aux reins, pour ramasser le linge et le tendre aux autres qui l'essoraient. Il y en eut plus d'une qui prit le coup de la mort pour s'être aventurée, suante, dans l'eau froide.

Puis, la lessive était étendue sur le pré ou la lande voisine, de préférence accrochée aux bouquets d'ajoncs[6] nains où elle séchait mieux qu'à plat, disait-on, où elle blanchissait mieux. Alors seulement on allait manger. Le lendemain, une femme ou deux passaient la journée à surveiller le linge et à le retourner. Quelquefois, la cendre mal tamisée y avait laissé des taches malgré le travail des battoirs. Il fallait y remédier sous peine de perdre la réputation des lavandières.

Chaque village avait son lavoir, souvent double comme je

---

6. *Ajoncs* : arbrisseaux épineux à fleurs jaunes.

l'ai dit. Il y en avait plusieurs autour du bourg, chacun d'eux au compte d'une « compagnie » qui y avait ses habitudes et se chargeait de l'entretenir. Les ruisseaux ne manquaient pas. En avril, on entendait retentir les battoirs dans les vallons. Quand les enfants demandaient quels étaient ces bruits et ces éclats qui les réveillaient de bon matin, on leur disait que c'était le Cavalier du Printemps qui arrivait sur son cheval pour ouvrir les fleurs, faire éclater les bourgeons, aider les plantes à sortir de terre et accomplir mille autres tâches dont ils verraient les effets s'ils savaient se servir de leurs yeux. Peut-être même pourraient-ils voir le Cavalier à condition de se lever avant le soleil et d'avoir dans la main une certaine graine dont on ne disait pas trop bien ce que c'était. En septembre, le même tapage recommençait, mais plus assourdi. Le Cavalier du Printemps s'en allait, la bonne saison était finie jusqu'au prochain appel du coucou. Et voilà !

Chapitre I

Réfléchissons

Mon père...

1. Comment l'auteur présente-t-il son père ? Sur quel ton ?
2. Pierre-Alain est-il fortuné ? Justifiez votre réponse.
3. La pauvreté semble dominer à cette époque : comment l'auteur souligne-t-il ce fait ? Quelle comparaison emploie-t-il pour désigner les paysans ? Qu'en pensez-vous ?
4. Quels sont les avantages des chemises de chanvre ?

La lessive...

1. Combien de fois par an a-t-elle lieu ? Pourquoi, selon vous ?
2. Quelles sont les différentes étapes de la lessive ? Sont-elles scrupuleusement respectées ? Pourquoi ?
3. S'agit-il seulement d'une banale lessive ou a-t-elle une signification plus profonde pour celles qui la font ? (Voyez en particulier la fin du passage.)
4. Le souci de la réputation semble primordial ici. Comment l'expliquez-vous ? Qu'en pensez-vous ?

5. De quelle façon l'auteur a-t-il souligné la difficulté de cette tâche ?

La tradition

Relevez les traits qui vous semblent remonter à une époque très ancienne, vous surprennent et vous choquent même.

Allons plus loin

1. Aujourd'hui, la machine à laver a envahi même les lieux les plus reculés et les lavoirs ont disparu. Selon vous, quels pouvaient être les avantages de cette lessive en commun ?

2. Comparez ce passage sur la lessive avec le texte de l'*Assommoir* de Zola (ch. 1) qui décrit lui aussi une lessive (lieu — atmosphère — rapports entre les femmes...).

2. L'école

Quoique pauvre, « mon père put fréquenter l'école communale de Plozévet jusqu'à l'âge de onze ans ».

A Kerveillant, on n'était pas loin de l'école. Même pas trois quarts de lieue[1] à naviguer dans la boue des chemins creux, puis les nids-de-poule[2] de la grand-route et on arrivait au bourg tout de suite, malgré les vents et les pluies. L'hiver, on partait de nuit, on revenait de nuit. Nous étions, dit mon père, les enfants de la chandelle de résine. A midi, on mangeait un quignon[3] ou une soupe dans une maison amie ou parente pour les plus chanceux, dans l'encoignure d'une porte pour les autres et c'était fait. Mon père étant l'aîné, ma grand-mère lui confiait quelques sous avec lesquels il se chargeait de nourrir les quatre autres au mieux. Mais, quelquefois, on se laissait séduire par une boutique à bonbons, les pauvres eux-mêmes ayant besoin de mener la grande vie de temps à autre, et il fallait durer, le ventre vide, jusqu'à la soupe de pommes de terre ou la bouillie du soir. Le ventre vide et les hardes[4] mouillées sur le cuir humain. Quelle importance ! On avait l'âme chevillée[5] au corps. Quant au froid, on n'en avait cure[6]. La fable[7] du bourg était cette femme délicate, tavernière et boulangère, qui tirait de son four une marmitée de braises pour se chauffer. Elle posait ce brasero par terre, se plantait debout au-dessus, faisait bouffer ses lourdes jupes et laissait monter la chaleur le long de ses jambes vers d'improbables dessous.

L'épreuve la plus redoutable, pour les petits, était de traverser, dans le noir ou l'aube sale, un endroit terrible qu'on appelait Pont-Ébeul. La route descendait dans un vallon étroit avant de franchir une voûte en pierres sous laquelle coulait un ruisseau. Là se passaient toutes sortes de prodiges. Le plus commun était de voir l'eau s'éclairer soudain en vert pendant que se dressait devant vous un autel recouvert d'une nappe et porteur de deux bougies allumées. L'autel barrait le pont.

---

1. *Lieue* : mesure de distance d'environ 4 kilomètres.
2. *Nid-de-poule* : petite dépression dans une chaussée.
3. *Quignon* : gros morceau de pain.
4. *Hardes* : vêtements pauvres et usagés.
5. *Avoir l'âme chevillée au corps* : être fort, résistant.
6. *Ne pas en avoir cure* : ne pas s'en soucier, s'en moquer.
7. *Fable* : sujet de plaisanterie, risée.

Inutile d'essayer de vous glisser à droite ou à gauche. Vous risquiez de tomber dans l'eau ou dans la boue comme quelques-uns l'ont appris à leurs dépens. Le mieux était d'avancer
35 sans peur. L'autel reculait à mesure que vous marchiez. Il finissait par disparaître à la hauteur d'un moulin qui s'élevait à l'entrée du bourg. Quelqu'un racontait un jour, à l'auberge de Ti-Lonk, qu'il suffisait de se retourner et de faire trois pas en arrière. Quand on revenait sur le pont, il n'y avait plus rien.

Chapitre I

Réfléchissons

Il faut vraiment vouloir étudier

1. Quelles difficultés rencontrent les enfants pour aller à l'école ?

2. Montrez qu'ils sont endurants.

3. Quelle caractéristique domine encore ici ? Comment Pierre-Jakez Hélias insiste-t-il ?

L'épreuve la plus redoutable

1. Sur quel ton l'auteur raconte-t-il cette épreuve ?

2. Quelle est la part de la superstition religieuse et celle de l'imagination ?

3. Quelle est l'explication rationnelle ?

Allons plus loin

1. Documentez-vous sur l'école à la fin du XIXème et au début du XXème siècle.

Bibliographie : *Le Grand Meaulnes* d'Alain-Fournier. — *La Guerre des boutons* de Louis Pergaud. — Certains textes de Marcel Pagnol *(Le Temps des secrets, Le Temps des amours)*. — *Toinou* d'Antoine Sylvère.

2. Que représente aujourd'hui le certificat d'études ? Quel examen, de nos jours, revêt l'importance qu'il avait autrefois ?

Exprimons-nous

1. *La peur du noir* : Racontez une « aventure » qui vous est arrivée lorsque vous étiez petit et au cours de laquelle l'obscurité a joué le premier rôle.

2. L'école aujourd'hui est obligatoire jusqu'à 16 ans. Êtes-vous conscient qu'il s'agit d'une chance ? Donnez vos arguments pour ou contre l'école.

3. « Mon père devint donc grand valet. »

Mon père, hélas, dut quitter l'école sans pouvoir ambitionner le certificat d'études qui était, autant dire, l'agrégation du pauvre bougre. Le directeur, sans trop d'illusions, vint trouver le sabotier de Kerveillant. — Laissez-moi votre fils encore un an. Seulement un an. — Je ne peux pas, monsieur. Un an, c'est beaucoup trop pour le pauvre homme que je suis. C'est mon aîné, il y en a six autres derrière sans compter la petite. J'ai besoin de lui pour m'aider à les nourrir. Si je pouvais faire autrement...

Le fils aîné fut gagé[1] d'abord à Kerfildro, la ferme d'où venait sa mère. Il y acheva son apprentissage de la terre sur le tas[2]. L'année suivante, il était domestique à Lestrougi. Puis il passa quatre ans à Kervinou et deux ans à Kergivig où il était grand valet, c'est-à-dire qu'il avait son bâton de maréchal[3]. Ces quatre fermes sont peu éloignées les unes des autres et par rapport à Kerveillant, le berceau. Si mon père changeait de place, ce n'était point par mécontentement ou instabilité. C'était pour avancer dans la hiérarchie des domestiques et obtenir un meilleur salaire à mesure que sa réputation croissait. Quelquefois aussi pour travailler chez un patron qui connaissait mieux son affaire. Les maîtres de ferme étaient parfaitement au courant de la valeur des commis du voisinage et même des communes limitrophes[4]. Ils pouvaient les juger soit au cours des grands travaux en commun, défrichements ou battages[5], soit par la tenue des champs ou l'état des bêtes qui leur étaient confiées, soit à partir de certains critères[6] plus subtils[7] encore comme les répertoires des chansons bretonnes ou françaises, l'art de danser la gavotte[8], la force et l'adresse aux jeux populaires qui étaient autant de mises à l'épreuve en public, l'assiduité aux offices, la plus ou moins grande fréquentation des auberges. Tout entrait en compte dans le bilan d'un homme ou d'une femme. A tout moment, chacun pouvait

---

1. *Être gagé* : être au service de quelqu'un.
2. *Sur le tas* : sur le lieu même de son travail.
3. *Bâton de maréchal* : sens figuré et familier : le couronnement de sa carrière, la plus haute dignité à laquelle il puisse accéder.
4. *Limitrophes* : voisines.
5. *Battage* : opération consistant à séparer les graines de l'épi ou de la tige.
6. *Critère* : signe permettant de porter un jugement sur quelque chose ou quelqu'un.
7. *Subtil* : fin, ingénieux.
8. *Gavotte* : danse à deux temps.

s'attendre à être mis, en bien ou en mal, « sur la langue des gens ». Et la langue des gens n'arrêtait pas de vous tresser des couronnes ou de défaire votre robe de candeur[9]. Il suffisait d'un trait de caractère ou de comportement un peu accusé et vous attrapiez un surnom qui vous collait à la peau votre vie durant. Moyennant quoi, on savait à qui on avait à faire, on n'achetait jamais chat en poche[10].

C'est ainsi que le fils aîné du sabotier gagna peu à peu sa renommée de « travailleur magnifique » *(labourer kaer)*. De contrat en contrat, ses gages augmentaient sensiblement. Les premières années, c'était son père qui venait les toucher. Ils amélioraient un peu la condition de la famille qui en avait bien besoin. Mais les autres enfants n'en durent pas moins quitter le nid très tôt et chercher fortune ailleurs. Cela leur vaut d'être appelés, dans la famille, Corentin de la Marne, Alain de la Somme, Jacques de Lorient, Michel de Rezé, Guillaume de Rennes et Henri de Paris. Seule Marie-Jeanne, la petite sœur, s'est mariée à Plozévet et y habite toujours la maison que le sabotier fit construire à l'orée d'un bois de pins, dans les dernières années de sa vie.

Mieux encore que les gages, il y avait la nourriture et la considération, l'une n'allant pas sans l'autre. En ce temps-là, les enfants de la campagne vivaient souvent avec un bout de boyau vide. Toutes les plantes plus ou moins comestibles sans flux de ventre[11], de l'oseille sauvage à la primevère, toutes les baies[12] qui poussaient au bord des chemins, tous les fruits des vergers et tous les légumes des champs ouverts étaient pour eux objets de convoitise. Ils chapardaient moins par gourmandise que par nécessité. Les châtaignes d'octobre, en particulier, fournissaient le plus clair des repas du soir. Les enfants allaient « châtaigner » pour toute la famille. Mais les arbres étaient sévèrement gardés par certains propriétaires jaloux de leurs biens. Mon père conte comment il fut surpris, une fois, par le meunier du voisinage au moment où il récoltait frauduleusement les bogues[13] dans le bois du moulin. Il se trouvait dans les branches hautes du châtaignier quand l'autre survint et se mit à le tirer à coups de cailloux comme un

---

9. *Candeur* : innocence.
10. *Acheter chat en poche* : sans examiner ce qu'on achète.
11. *Flux de ventre* : maux de ventre.
12. *Baie* : nom donné aux fruits charnus à pépins (groseille).
13. *Bogue* : enveloppe piquante de la châtaigne.

écureuil. L'enfant dut s'affaler en bas. Là, il fut cueilli au collet[14] par l'énergumène[15] et traîné au-dessus d'un déversoir[16] qui alimentait la grande roue du moulin. Hors de lui, l'homme le traitait de tous les noms malsonnants[17] et menaçait de le laisser tomber sur la roue au risque de lui rompre les os. Peut-être l'aurait-il fait sans l'intervention de sa femme, une bonne personne. Celle-ci l'avertit que s'il arrivait malheur à l'enfant par sa faute, le sabotier de Kerveillant viendrait lui demander raison avec sa hache. Mon père en fut quitte pour la peur et pour la perte de son sac, ce qui était un fort dommage pour un petit misérable.

Dans sa condition de valet de ferme, il était d'autant mieux nourri qu'il travaillait mieux. C'était une justice à peu près générale. Chacun recevait non pas selon son appétit, mais selon le travail qu'il abattait. Même la taille des écuelles de soupe était proportionnée au rendement de chacun. Il arrivait que l'écuelle du maître fût moins importante que celle du grand valet quand celui-ci répandait sa sueur avec plus de générosité que celui-là. Il arrivait aussi que la plus grande écuelle à figurer sur la table fût celle du cheval qu'on engraissait pour la foire de la mi-avril. N'allez pas comprendre que le cheval y venait manger. On allait la déverser dans son auge quand la soupe avait bien trempé. Mais la présence de cette soupière chevaline témoignait de l'importance accordée au cheval qui représentait un capital important.

Du reste, la prééminence[18] du grand valet, en certains endroits, venait du fait qu'il était responsable du cheval ou des chevaux, capable d'en tirer le meilleur en les tenant en bon état. En particulier, on lui demandait de savoir siffler d'une certaine façon pour les faire pisser en temps voulu, les dégonfler comme on disait. Ce n'était pas une mince affaire. Certains n'y sont jamais parvenus. C'était aussi le grand valet qui montait la plus belle bête de la ferme quand il y avait des courses, épreuves de prestige, lui qui les faisait entrer dans la mer, en baie d'Audierne, pour le bain rituel de l'année.

En somme, le grand valet représentait la ferme où il avait fait contrat presque autant que le propriétaire ou le tenancier

---

14. *Cueilli au collet* : fait prisonnier (collet = col).
15. *Énergumène* : personnage excité, agité.
16. *Déversoir* : vanne par laquelle s'écoule le trop-plein d'eau d'un étang, d'une rivière, etc.
17. *Malsonnants* : grossiers.
18. *Prééminence* : supériorité, privilège.

de celle-ci. A l'extérieur, il devait faire honneur à ses maîtres en toute occasion. C'est pourquoi il essayait toujours d'être le meilleur dans les grands travaux en commun, particulièrement les moissons et les défrichements.

Chapitre I

Réfléchissons

1. Quel parcours suit Pierre-Alain ?
2. Quelles sont les qualités que doit avoir un bon domestique ?
3. Certaines sont surprenantes. Lesquelles ? Comment l'expliquez-vous ?
4. Quels sont les privilèges du grand valet ?
5. « Chacun recevait non pas selon son appétit, mais selon le travail qu'il abattait. » Que pensez-vous de cette attitude ?
Aujourd'hui encore n'existe-t-il pas une trace de cette façon de « récompenser » un ouvrier ou employé ? Pensez à une expression très connue.
6. Quelles étaient les conditions de vie des enfants à l'époque ?

Allons plus loin

1. Vous avez aperçu dans un champ un magnifique cerisier. Tenté, vous allez cueillir des cerises ; mais soudain le propriétaire surgit. Racontez.

2. « Chacun pouvait s'attendre à être mis, en bien ou en mal, sur la langue des gens. » Expliquez cette phrase et illustrez-la par des exemples précis.
En général, est-ce le bien ou le mal qui domine ? Justifiez votre opinion.

3. Étudiez les trois textes suivants, puis comparez-les.
- Victor Hugo : *Se laisser calomnier* (*Les Quatre Vents de l'Esprit*, Livre satirique IX).
- Beaumarchais : *Le Barbier de Séville*, Acte II, s. 8 (tirade de Bazile sur la calomnie).
- La Fontaine : *Les Femmes et le secret* (*Fables*, Livre VIII, fable 6).

4. Le mariage

Déjà plus d'une fois, ma mère avait été demandée en mariage quand mon père se présenta. De dot, évidemment, il n'y avait pas la moindre, ni d'espérances[1] non plus. C'était bon pour les bourgeois, terriens ou non. Mais une jeune fille pauvre était jugée sur son travail et sa tenue. A cet égard, Marie-Jeanne Le Goff n'avait de leçon à recevoir de personne dans une paroisse où tout le monde tenait tout le monde à l'œil. Inutile, donc, de vouloir faire prendre à quiconque des vessies pour des lanternes[2]. Au reste, elle était libre de ses décisions. Son père se plaisait à répéter : elle est maîtresse de la maison, il est juste qu'elle soit maîtresse d'elle-même. L'usage du marieur *(kouriter)* n'avait pas encore disparu, bien que cet entremetteur officiel eût abandonné le bâton de genêt *(baz-valan)* qui lui valait un de ses noms. Ma mère n'eut pas à recourir à ses bons offices. Son mari et elle se rencontrèrent et se choisirent sans intervention de qui que ce fût. Au reste, comme cela se dit dans le style des petites annonces, les situations des deux conjoints étaient on ne peut plus en rapport.

Le mariage eut lieu en 1913. Ce fut une noce de pauvres gens. Il n'y avait guère que cent vingt convives. Il en coûta à chacun la somme de cinq francs pour deux jours entiers de ripailles entrecoupées de gavottes, jibidis et jabadaos[3]. Selon la coutume, le traiteur[4] invita la famille le troisième jour pour manger les restes. Au soir du premier jour, il y eut une bataille rangée entre les jeunes gens de Pouldreuzic, pays de ma mère, et ceux de Plozévet d'où venait mon père. Ces derniers avaient été invités aux danses par le nouveau marié. Or, les jeunes filles de Pouldreuzic trouvèrent qu'ils dansaient mieux que les garçons de leur paroisse. Elles témoignèrent, paraît-il, d'une préférence un peu trop marquée pour les Plozévétiens. Il y eut des paroles aigres[5], des défis, quelques empoignades individuelles, des échanges des ces injures qu'on ne peut laver que dans le premier sang. On se traita mutuellement de pieux, de veaux, de gobeurs de lune, de compisseurs de sabots, d'embrenneurs de braies[6] et, pour finir, de chiens à cul jaune. Au

---

1. *Espérances* : biens que l'on attend d'un héritage.
2. *Faire prendre des vessies pour des lanternes* : tromper quelqu'un.
3. *Jibidis et jabadaos* : danses.
4. *Traiteur* : celui qui a préparé les plats.
5. *Aigre* : désagréable, blessant.
6. *Braies* : pantalon large porté par les Gaulois.

bout du compte, les jeunes gens de Pouldreuzic, qui étaient en nombre, chassèrent ceux de Plozévet à coups de cailloux vers leur douar[7] d'origine. Ils n'abandonnèrent la poursuite qu'à une demi-lieue du bourg. Encore le firent-ils parce que l'alerte
40 avait été donnée à Plozévet au début de l'algarade[8] et que les éclaireurs annonçaient le rassemblement d'une compagnie de renfort pour la contre-attaque dans la Vallée des Moulins. Pendant ce temps, mon père était au supplice. Il aurait bien aimé en découdre[9] aussi, mais il devait rester auprès de sa
45 jeune femme. Et puis, de quel parti devait-il se mettre ? Ou il prenait fait et cause pour son pays et il offensait sa nouvelle famille, ou il allait à la rescousse de Pouldreuzic et il passait pour un judas[10]. Il choisit d'être Ponce Pilate. Les pouces aux entournures de son gilet, il compta les coups. C'était quand
50 même une belle noce.

La coutume voulait encore qu'on ne laissât les jeunes mariés ensemble que le soir du troisième jour. La première nuit était consacrée à la Vierge, la seconde à saint Joseph. Et puis, il y avait la cérémonie à la fois symbolique[11] et gaillarde[12] de *la*
55 *soupe au lait*. La recette de cette soupe variait d'un pays à l'autre et selon la fantaisie de la jeunesse, mais elle comportait toujours un chapelet de gousses d'ail. Le lait de la soupe proclamait que la vie de ménage est douce, l'ail vous avertissait qu'il faut en attendre bien des déboires[13]. Les jeunes gens
60 de la noce l'apportaient aux époux, à la table du banquet, en chantant à pleine voix la chanson des ancêtres, triste complainte qui devait faire pleurer d'un œil et rire de l'autre toute mariée de bonne race. En voici le premier couplet retenu par ma mère et traduit du breton :

65   *Ce matin même on vous a vue*
    Devant l'autel agenouillée.
    Adieu mon père, adieu ma mère,
    Adieu mes frères et mes sœurs !

De leur côté, les sonneurs de bombarde[14] et de biniou[15]

---

7. *Douar* : commune.
8. *Algarade* : attaque.
9. *En découdre* : se battre.
10. *Judas* : traître. L'origine de ce mot vient de Judas Iscariote qui, selon les Évangiles, trahit Jésus.
11. *Symbolique* : qui a une valeur spirituelle.
12. *Gaillarde* : gaie, joyeuse.
13. *Déboires* : déceptions, désillusions, épreuves.
14. *Bombarde* : hautbois en usage en Bretagne.
15. *Biniou* : sorte de cornemuse bretonne.

70 attaquaient un autre air de soupe au lait, celui-là plus vif et réputé propre à « sécher les larmes ». Et toutes les tablées de se réjouir bruyamment.

En vérité ce n'était là que la formule officielle et publique à laquelle on se soumettait par un restant de superstition, pour
75 essayer obscurément d'éviter que « la soupe n'aigrît » par la suite, c'est-à-dire que la mauvaise entente ne se mît dans le ménage.

Chapitre I

Réfléchissons

Le mariage des parents

1. Quelles sont les grandes parties du texte ?

2. Relevez au début du deuxième paragraphe une contradiction apparente ; comment l'expliquez-vous ?

3. De quelle manière Pierre-Jakez Hélias raconte-t-il l'anecdote de la bagarre ? Donnez des exemples précis. Qu'y a-t-il d'amusant dans ce récit ?

4. Au cours de vos lectures, avez-vous rencontré d'autres exemples de rivalité entre villages ?

5. Un vocabulaire imagé : les injures que se lancent les jeunes gens. Pouvez-vous les expliquer ?

6. Qui était Ponce Pilate ?

La coutume

1. Quelles sont les traditions relatives au mariage que vous relevez dans ce texte ? En connaissez-vous certaines ?

2. « L'ail vous avertissait qu'il faut en attendre bien des déboires. » N'y a-t-il pas au moins une région en France où serait contestée une telle interprétation ? Pourquoi ?

Allons plus loin

1. Connaissez-vous d'autres traditions se perpétuant lors des mariages ?

2. Comparez ce texte avec celui de la Noce (ch. 4) dans *Madame Bovary*, de Flaubert.

Exprimons-nous

« C'était quand même une belle noce. »
Racontez une anecdote qui pourrait ainsi se terminer par « c'était quand même une belle [un beau] ... ».

5. *La naissance du « Fils du Roi d'Hibernie »*

Mais mon arrivée au monde, premier enfant que j'étais, se présentait sous des auspices[1] tels qu'ils inquiétèrent la vieille commère[2]. Elle conseilla d'aller quérir le docteur à Plogastel, le chef-lieu de canton, à sept kilomètres de là. Mon père emprunta donc une bicyclette à caoutchoucs pleins et fonça dans la nuit sans lumière d'aucune sorte. Il revint avec le docteur, à bicyclette lui aussi, mais qui avait une lampe à carbure[3] sur son guidon. Et je fis mon apparition sans trop me faire prier, fort gaillard paraît-il, mais parfaitement dépourvu d'ongles. « Il ne sera pas méchant », dit Alain Le Goff[4].

Le matin suivant, la commère montra de nouveau ses lunettes. Elle voulut bien proclamer que le médecin avait fait un travail convenable pour un homme si jeune. Mais elle ne tint guère compte des recommandations qu'il avait faites sur la façon de m'accommoder. Je fus donc emmailloté très serré, surtout pour le bas du corps afin de me fortifier les jambes et les reins. On redoutait la boiterie, mal réputé congénital[5] au Pays Bigouden. Mes bras eux-mêmes furent plaqués contre mes hanches, si bien que je ressemblais à une momie en miniature ou, plus exactement, au bébé de la Nativité du peintre La Tour que l'on peut voir au musée de Rennes. La momie et La Tour étant parfaitement inconnus dans le pays, les gens comparaient le bébé ainsi conditionné[6] à « une botte de paille égalisée ». Ces bottes, bellement rangées sur une couche de genêts, servaient alors de premier matelas dans les lits clos. Je puis affirmer du moins (on m'a souvent posé la question) que la vieille commère Franseza ne m'a pas remodelé le crâne à la main comme cela se faisait encore à la fin du dix-neuvième siècle si l'on en croit certains témoignages. Cette opération esthétique était abandonnée depuis longtemps. Marie-Jeanne Le Rest ne se souvenait pas l'avoir vu pratiquer jamais. « Ce sont des manières de rebouteux[7], disait-

---

1. *Auspices* : présages, conditions.
2. *Vieille commère* : femme qui faisait office de sage-femme.
3. *Carbure* : combinaison du carbone avec un autre corps.
4. *Alain Le Goff* : grand-père maternel de P.-J. Hélias.
5. *Mal congénital* : mal contracté pendant les neuf mois de la grossesse.
6. *Conditionné* : emmailloté.

Je ressemblais à une momie en miniature ou, plus exactement, au bébé de la Nativité du peintre La Tour...

elle avec une moue. De rebouteux ou de sorciers. Ces gens-là n'ont rien à faire avec les nouveau-nés. » Et, ce disant, Marie-Jeanne faisait une telle grimace de mépris que ses lunettes de fer manquaient de lui tomber du nez. Or, les lunettes, pour elle, valaient tous les diplômes.

A cause de cette présence d'un vrai docteur au chevet de sa bru, mon grand-père le sabotier se plaira plus tard à m'appeler *le Fils du Roi d'Hibernie*[8] et à me prédire un avenir chargé de gloire et d'honneurs. En attendant, mon autre grand-père, Alain Le Goff, m'avait fait confectionner, par le menuisier Piton, un berceau neuf en châtaignier de première qualité,

---

7. *Rebouteux* : personne qui remet les membres démis et réduit les fractures.

8. *Le Fils du Roi d'Hibernie* : allusion présumée à un conte irlandais.

clouté de cuivre comme il faut, et que ma tante Lisette cirait
et faisait briller à pleins bras avant même que je ne vienne
l'occuper. Ce berceau (qui est, au moment où j'écris, celui de
mon petit-fils) est exactement la réplique de l'unique berceau
dans lequel avaient dormi successivement ma mère, mes
oncles et mes tantes. Et pendant tout le temps qu'il servit, on
pouvait se mirer[9] dans son bois. Alain Le Goff le prêta ensuite
à un voisin, Jean-Marie P..., qui n'avait pas de quoi en acheter
un pour ses enfants. Jean-Marie le garda des années, le temps
d'y héberger et d'en faire sortir sa propre marmaille. Deux
mois environ avant ma naissance, grand-père alla redemander
le meuble à l'emprunteur. Celui-ci, n'en ayant plus l'usage,
l'avait relégué[10] dans son poulailler. Le berceau était en triste
état, je vous le dis, après avoir servi de nid et de perchoir à la
volaille. Alain Le Goff ne voulut pas le reprendre : « Je ne
souffrirai pas, dit-il, que mon petit-fils soit élevé sur de la
fiente de poules. » Il compta ses sous et s'en fut incontinent[11]
chez le menuisier Piton.

Chapitre II

Réfléchissons

Mon apparition

1. Cette naissance s'est-elle déroulée « normalement », selon les critères de l'époque et du pays ?

2. a) Sur quel ton Pierre-Jakez Hélias raconte-t-il sa venue au monde ? Relevez-en les traits les plus saillants.
b) Quel détail, repris à plusieurs endroits, introduit un franc comique ? Pourquoi ?

3. Comment la médecine est-elle considérée à l'époque :
a) par la commère,
b) par le grand-père de l'auteur ?
Justifiez votre réponse.

4. L'attitude de la sage-femme envers la médecine est comparable à celle d'un illustre auteur du XVIIème siècle. Lequel ? Citez plusieurs de ses œuvres dans lesquelles apparaît ce thème.

---

9. *Se mirer* : se regarder.
10. *Relégué* : exilé, mis à l'écart.
11. *Incontinent* : sur-le-champ, immédiatement.

Mon habillement

1. En quoi consiste-t-il ? Montrez qu'aujourd'hui ce comportement a totalement changé. Quelle méthode vous semble la meilleure ? Pourquoi ?

2. De quelle nature est la comparaison utilisée ici ?

Mon berceau

Le choix du berceau est-il une affaire importante ? Qu'en pense Alain Le Goff ? Et aujourd'hui ? Pensez aux futurs parents qui hantent les magasins.

Allons plus loin

Grâce au peintre La Tour, nous voyons comment étaient emmaillotés les bébés à son époque. Effectuez une recherche sur les bébés et les enfants dans la peinture : choisissez une époque, plusieurs peintres et montrez des reproductions à vos camarades.

Exprimons-nous

Vous retrouvez au grenier le berceau dans lequel vous avez dormi les premières années de votre existence. Soudain vous vous revoyez bébé, entouré de vos parents mais capable de raisonner et d'étudier le comportement de ceux qui s'occupent de vous.
Racontez votre vie et vos pensées d'une journée. Attention, votre texte gagnera à être écrit sur un ton humoristique.

6. Le pantalonnage

Enfin arrive le jour tant attendu où Pierre abandonne définitivement la jupe pour le pantalon.

Ma grande affaire est ma promotion au rang de petit homme. Il y a déjà quelques mois qu'on me promet de me mettre en pantalon. J'avoue que je trouve le temps long et que je n'arrête pas de revendiquer[1], parfois avec des larmes. Depuis mon âge de cinq ans, je me trouve trop grand pour supporter la jupe. Certains de mes petits camarades arborent déjà des pantalons de panne[2] qu'ils ont quelquefois hérités d'un grand frère devenu trop fort pour s'y introduire. Et ils ne se gênent pas pour me faire avaler des couleuvres[3]. Du genre de celles qu'avaleront plus tard ceux de mes condisciples qui garderont les culottes courtes jusqu'à la classe de philosophie.

Tous les enfants sont en jupes depuis leur naissance jusqu'à cinq ou six ans. C'est très commode pour faire ses besoins, d'autant plus que nous n'avons pas le moindre linge sur les fesses. Seulement, à rester trop longtemps dans cet état, nous risquons de faire croire que nous ne sommes pas assez propres pour nous accommoder d'un pantalon. Ce sont en général les mères qui retardent la cérémonie du pantalonnage, peut-être parce qu'elles y voient le signe que leur enfant leur échappe pour entrer dans le monde masculin. Tout cela est très beau, mais nous sommes accoutrés comme des filles et nous savons pourtant, par certaines particularités de l'entrecuisse, que nous n'en sommes pas. Nous avons une cheville là où elles ont une cicatrice. La seule marque vestimentaire qui nous distingue d'elles, c'est ce gland[4] de fil et verroterie qui orne par-derrière notre bonnet à trois quartiers, alors que les fillettes ont, à cet endroit, une cocarde et deux longs rubans qui leur descendent dans le dos. Ce n'est pas assez. Et puis les filles, après tout, garderont leurs jupes toute leur vie, elles n'auront pas à s'habituer à autre chose. Nous, il nous faut satisfaire à un rite de passage qui ne laisse pas de nous inquiéter un peu.

---

1. *Revendiquer* : réclamer avec force.
2. *Panne* : étoffe semblable au velours mais à poils longs.
3. *Avaler des couleuvres* : subir des affronts sans protester.
4. *Gland* : ouvrage tressé ayant la forme du fruit du chêne.

Carte postale du début du XXe siècle.
*Nous sommes accoutrés comme des filles
et nous savons pourtant, par certaines particularités de l'entrecuisse, que nous n'en sommes pas.*

Comment nous y prendrons-nous avec ces boutons et ces bretelles ? Et il ne sera plus question de demander secours à la mère dès que notre jupe aura regagné l'armoire avec le tablier, la dentelle de cou et le bonnet à gland. Je compte sur grand-père pour me tirer d'affaire sans souffler mot à personne. [...]

Finalement, je me trouve pourvu d'un habillement de petit bourgeois en drap marron, choisi trop grand en prévision de ma croissance. Depuis la guerre, on n'habille plus les petits Bretons dans une réduction du costume de leurs pères.

Il ne reste plus qu'à convier la proche parenté à la fête du pantalonnage. Ils sont dix ou douze autour de la table, ayant déjà attaqué la viande rôtie, quand ma tante Lisette, qui m'a soigneusement paré dans l'autre pièce, m'amène devant eux dans toute ma gloire et souriant courageusement malgré une bretelle qui tourne. Exclamations et compliments à n'en plus finir. On m'appelle jeune homme. Et quelqu'un dit : « Maintenant, il va pouvoir aller à l'école. »

Me voilà fier et anxieux à la fois.

Chapitre II

Réfléchissons

Une tradition aujourd'hui totalement disparue

- *La jupe*

1. Quels sont les inconvénients de cette tenue aux yeux du petit garçon ?

2. Quel est en revanche le « seul avantage » ?

3. Aujourd'hui, l'état d'esprit s'est transformé et l'hygiène a fait d'immenses progrès. Comment résout-on donc ce problème qui préoccupe Pierre ?

4. A l'époque où Pierre était enfant, garçons et filles portaient la jupe. Depuis quelques années, il y a un renversement de situation. En quoi consiste-t-il ?

- *Un rite de passage*

1. Pourquoi l'auteur parle-t-il de rite de passage ?

2. Quel est le plus grand souci des mères d'hier et d'aujourd'hui ? En 1920, elles retardaient la cérémonie du pantalonnage. En 1984, comment ce souci se manifeste-t-il ?

3. Un personnage va alors apporter une aide précieuse au petit garçon. Lequel ? Cela vous surprend-il ? De qui aurait-on plutôt attendu cet appui ?
4. Comment se manifeste ici aussi le souci d'économie ?
5. Cependant tout est prétexte à une fête. Quel est son rôle ?

Allons plus loin

1. P.-Jakez Hélias raconte cet épisode de la jupe et du pantalonnage sur un ton plutôt bonhomme.
Il n'en est pas de même pour Antoine Sylvère dans *Toinou* (cf. p. 113). En observant le style de chacun de ces passages, montrez comment un même thème peut être traité de façon très différente.

2. « Le jean roi »

Un jean au début de l'hiver, un autre au début de l'été, un pull marin par an, un parka (veste ample) à doublure amovible pour la neige et la pluie. Copie conforme de milliers de jeunes... Rançon de la culture de masse, cette standardisation du vêtement efface les différences entre les sexes. Mêmes pantalons, mêmes cheveux longs, mêmes blousons. Le temps du jean tout-terrain est aussi celui de l'androgynie[1].

Paradoxe[2] : tandis que se développait le monde des « cols blancs[3] », les jeunes plébiscitaient[4] un vêtement de travail, le jean en denim[5] indigo des mineurs américains de la ruée vers l'or. Signe de ralliement d'une génération, il connaît un succès qui ne se dément pas... Le vêtement de travail (tee-shirts de débardeurs, pulls de marins pêcheurs, vestes de plâtrier...) connaît un énorme succès. Cette prédilection[6] pour le solide et le bon marché s'adresse aussi aux tenues militaires (parkas, cabans, blousons d'aviateur...).

Bertrand Le Gendre, « *L'Habit fait le moine* »,
Le Monde (9 août 1978).

Présentez en les ordonnant les impressions et les réflexions que vous suggère ce texte.

---

1. *Androgynie* : tous portant le jean, par moments on ne peut distinguer les garçons des filles.
2. *Paradoxe* : contradiction.
3. *Cols blancs* : sont ainsi désignés les employés de bureau et autres cadres, par opposition aux ouvriers.
4. *Plébisciter* : accorder sa faveur, élire.
5. *Denim* : nom d'un fabricant de jeans.
6. *Prédilection* : préférence.

7. Le mois des contes

Le mois de novembre est le mois des contes. Comme la nuit tombe vite, mon grand-père ramène sa vache au logis avant six heures. Encore une heure pour vaquer aux besognes de la maison éclairée par un feu de souches et l'on allume la lampe à pétrole pour expédier un semblant de souper. Aussitôt après commence la veillée. Ma mère descend la mèche au plus juste. Le pétrole est trop cher.

Les flammes du foyer luttent courageusement contre l'obscurité. Les clous de cuivre des armoires et du lit clos brillent autour de nous, pareils aux vers luisants des chemins de nuit. On entend aller et venir, sur la terre battue, les sabots de mon père. Taciturne[1] à son habitude, il rassemble ses outils pour tailler des pieux, rabouter[2] de vieilles longes[3]. Il trie des brins d'osier pour tresser des paniers ronds. Déjà ma mère est installée sur une chaise basse devant le feu, des hardes plein son tablier. Moi, j'attends mon grand-père qui s'attarde toujours trop avec sa vache, dans la crèche[4]. Le voilà arrivé, à la fin ! Le vieillard monte sur la pierre du foyer et s'assoit sur son banc, l'épaule appuyée contre le mur noir. Quelquefois, son chapeau heurte une andouille qu'on a mise à fumer dans la cheminée, avec une demi-douzaine d'autres, après la fête du cochon. L'andouille se met à tourner tout doucement sur sa ficelle. Les autres l'imitent, l'une après l'autre, parce qu'elles sont attachées sur le même bâton. Grand-père les regarde qui tournent pour lui montrer leur peau griffée de cicatrices profondes. Allons ! Elles se dessèchent comme il faut.

Avec le soin qu'il apporte aux moindres choses, grand-père choisit un tison à demi consumé dont il se sert pour séparer la cendre de la braise vivante en s'aidant de ses sabots. Il modèle ainsi une grande bernique[5], tout à fait pareille à l'image du livre de géographie sur les monts volcaniques d'Auvergne. Cette bernique, il la creuse en forme de cratère (voyez comme je suis savant) ! Ce cratère, c'est pour cracher dedans, car grand-père est un homme plutôt méticuleux[6] et

---

1. *Taciturne* : peu bavard.
2. *Rabouter* : mettre bout à bout.
3. *Longes* : courroies servant à attacher ou à conduire un cheval.
4. *Crèche* : mangeoire pour bestiaux.
5. *Bernique* : plat.
6. *Méticuleux* : soigneux, minutieux.

Ghirlandajo (1449-1494), *Portrait d'un vieillard et de son petit-fils.*
C'est le devoir des grands-pères de s'occuper des petits-fils...
l'âge tendre et l'âge avancé sont complices.

propre. Propre au-dessus de son état. Ce n'est pas lui que vous verriez expédier la salive partout comme tant d'autres. Ah, mais non !

Cela fait, le vieillard se frotte vigoureusement les mains, avec un rire de satisfaction. Il tire sa pipe, une grosse pipe de bruyère baguée de cuivre rouge, son orgueil annuel. [...]

Donc grand-père bourre sa pipe, sans hâte, avec l'attention grave qui est due à une opération de cette importance. Un tison s'est échappé du cratère sur le foyer. Il le ramasse dans ses mains dures, le pose sur le fourneau de sa pipe et aspire, aspire, et pop, pop, pop ! La fumée claire noie son visage bienveillant. Le vieillard se racle la gorge et crache dans la cendre. Aussitôt, me voilà d'un bond près de lui, sur le banc. Il m'appartient. J'ai oublié les dix-huit clous et les sept boutons (quatre en corne, trois en verre bigarré, quelle catastrophe !) que j'ai perdus en jouant aux billes contre le grand Goyat, ce tricheur. Je ne redoute plus les gros yeux de l'instituteur ni sa règle de fer qui me tombera demain sur les phalanges parce que je ne suis pas venu à bout de la conjugaison du verbe *dactylographier*, ce piège à chrétiens. Au diable ! Grand-père commence à parler, grand-père selle son cheval de fumée et me donne un poulain bleu pour le suivre à la recherche d'un pays étrange où je connais tout le monde. Et hue !

> *Hue à Quimper, hue à Pont-Croix !*
> *A Pont-l'Abbé je vais tout droit*
> *Quérir du gruau pour la dame.*

Le grand-père ouvre son sac. Ses marionnettes commencent à vivre sur sa langue. La première, c'est lui-même, la seconde, moi, les autres sont les gens du quartier. Chaque soir, nous poursuivons toutes sortes d'aventures dont personne, pas même le conteur, ne sait où elles vont nous mener. [...]

On frappe de grands coups contre la cloison. C'est ma mère, au lit depuis longtemps, qui nous rappelle à l'ordre : « Père, il est temps de coucher l'enfant. Comment se lèvera-t-il demain pour aller à l'école ? Vous n'êtes pas plus raisonnable que lui. Je vais me décider à lui faire un lit au grenier. »

Tous les soirs, c'est la même chose. Il viendra un jour où le conseil de famille nous séparera l'un de l'autre. Terrifiés, les deux complices gagnent leur lit clos dans un coin de la cuisine.

Grand-père m'aide à me déshabiller. Les deux dernières braises sont éteintes. Nous escaladons le lit en faisant le plus de bruit possible pour montrer notre bonne volonté. Je m'engourdis déjà quand le pouce de grand-père me frappe à l'épaule. J'entrouvre un œil : « Il est là de nouveau, souffle Alain Le Goff. — Où ? — A califourchon sur le haut du lit. Regardez-le qui joue avec ma ceinture ! — Je vois. Mais qui est-ce ? — Qui ? l'Autre Cornu ! »

Je ramène la couverture par-dessus ma tête pour rire tout mon soûl (cht ! Gare à ma mère qui nous guette). Quand j'ai fini, j'entends encore grand-père, tourné contre la cloison, qui s'étouffe de joie.

Un grand-père comme en voilà un, il n'y en a sûrement pas d'autre dans tout le canton. Et comme on se sent rassuré avec lui ! Comme le monde tourne sans heurt[7] avec ses personnages réels qui s'engagent, par votre volonté, dans des aventures imaginaires et ses puissances invisibles qui deviennent à ce point familières que, pour un peu, on leur manquerait de respect sans y penser.

Chapitre II

Réfléchissons

Pourquoi novembre est-il le mois des contes ?

Une scène de famille

1. Décrivez l'atmosphère régnant dans la maison. Quel adjectif pourrait le mieux la résumer ?

2. Connaissez-vous un ou des peintres « spécialistes » de telles scènes d'intérieur ? Cherchez des reproductions.

3. a) Le grand-père fait durer l'attente. Le fait-il exprès ?
b) Comment se manifeste l'impatience du gamin ? Soulignez les dons d'observateur de ce dernier.

4. Quelle est l'importance accordée ici aux objets ? Justifiez votre réponse.

---

7. *Sans heurt* : sans conflit, sans désaccord.

La magie des contes

1. Quel pouvoir ont les contes sur le petit Pierre ?

2. Le vocabulaire contribue aussi à créer cette magie. Relevez les termes et expressions appartenant au domaine de l'imaginaire.

3. Comment se traduit la complicité grand-père-petit-fils ? Lequel des deux semble s'amuser le plus ? Pourquoi ?

Allons plus loin

1. Plus jeune, vous aviez certainement une préférence marquée pour un conte. Lequel ? Résumez-le très brièvement avant d'expliquer les raisons de ce choix.

2. La télévision a envahi les foyers. Est-ce un bien ? Présentez, en les ordonnant, les arguments pour ou contre ces « nouvelles veillées ».

Imaginons

1. Création d'un conte

Un pauvre père de famille trouve un beau matin sur son chemin un objet qu'il rapporte chez lui. Il meurt bientôt en le léguant à son unique enfant. Or il s'avère que cet objet est magique. Un voisin jaloux le vole... et l'enfant se lance à sa poursuite...
Racontez... (à vous de déterminer la nature de l'objet, l'identité de l'adolescent et le lieu où les aventures se dérouleront).
N'oubliez pas non plus de commencer votre conte par une formule magique telle : « Il était une fois. »

2. Depuis plusieurs siècles, la cheminée d'une maison a vu se succéder des générations d'occupants.
Un beau soir, elle se met à évoquer les soirées d'antan et celles d'aujourd'hui. Imaginez ses réflexions et ses sentiments et présentez-les de façon vivante (la cheminée a le pouvoir de parler).

8. Comment on élève les garçons

Entre deux affabulations[1] de ce genre, mon grand-père premier[2] m'a appris des tas de choses propres à me faciliter la vie. En particulier que dans notre pays, du moins dans les maisons bien tenues, les femmes arrivent toujours, en fin de compte, à diriger tout le ménage, même quand elles font semblant, humblement, d'obéir au chef de famille, mais seulement en public. Sachant cela, je vivrai toujours en paix dans mon logis et heureux dans ma chemise. Faites comme moi si vous ne voulez pas grossir votre voix et retrousser vos manches pour un combat douteux.

J'ai douze ou treize ans quand je m'en vais, au temps de Pâques, rendre visite à mes grands-parents de Plozévet. J'emmène avec moi ma sœur Lisette, beaucoup plus jeune. La grand-mère Katrina nous donne des œufs selon la coutume. Elle les met dans un mouchoir de couleur qu'elle noue bellement : « Lisette, dit-elle, ce mouchoir sera pour de bon à vous quand les œufs auront été mangés à condition que vous n'en cassiez aucun sur le chemin du retour. » Voilà comment on élève les filles. Sachez, au demeurant[3], que les œufs sont cuits et parfaitement durs, leur coquille colorée à la pelure d'oignon.

Le grand-père ouvre son armoire et y prend une petite pile de monnaie en bronze à l'effigie[4] de l'empereur Napoléon le Jeune. Il me donne douze sous et seulement huit à ma sœur. « Il a plus que moi », gémit Lisette au bord des larmes et qui ne sait compter qu'à l'estime de la vue. « C'est parce qu'il aura bientôt du poil sous le nez, répond le grand-père. Est-ce que vous aimeriez avoir du poil sous le nez, ma fille ? » Lisette n'ose pas souffler un mot de plus. Elle oublie de bouder en revenant à la maison derrière moi car elle doit s'appliquer à ne pas casser un seul œuf si elle veut avoir le mouchoir. Cependant, le soir même, le lendemain et les jours suivants, elle n'arrête pas de pleurnicher et de prétendre qu'il n'est pas juste de récompenser d'avance une moustache qui ne sortira peut-être jamais. A la fin, pour avoir la paix, je lui donne deux sous et elle me promet de me trouver un peu de fiente chaude

---

1. *Affabulation* : histoire imaginaire.
2. *Mon grand-père premier* : il s'agit du grand-père paternel, le sabotier.
3. *Au demeurant* : d'ailleurs.
4. *Effigie* : représentation d'un visage sur une pièce de monnaie.

de pigeon pour me faire pousser plus vite le poil sous le nez. Le plus beau, c'est qu'elle tient sa promesse.

La prochaine fois que nous retournons chez les grands-parents, le sabotier me tire à part.

- Qu'avez-vous fait des sous que je vous ai donnés, Perig ?
- D'abord, j'en ai rendu deux à Lisette. De cette façon, nous en avions dix chacun.
- Vous n'avez pas bien fait, mon fils. Et à quoi ont servi vos dix sous à vous ?
- A acheter des fouets de réglisse et des gâteaux-cœurs.
- Et ceux de Lisette ?
- Celle-là est avare déjà. Elle les garde avec elle sous son oreiller, noués dans le coin du mouchoir de grand-mère.

Le sabotier ne dit rien. Mais, quand nous sommes sur le point de partir, il donne quinze sous à Lisette et à moi seulement une pièce de cinq sous en me glissant à l'oreille :

- Je crois que j'ai mieux fait, cette fois-ci, selon le train[5] dont va le monde. Mais, au nom de Dieu, ne donnez jamais cette pièce à votre sœur, même si elle s'écorche les genoux par terre pour vous supplier.

Et voilà comment on élève les garçons.

Chapitre II

Réfléchissons

1. Quelles sont les parties du texte ?
2. Sur quel ton est narrée cette anecdote ?
3. Que révèle-t-elle sur le caractère des deux enfants ?
4. Pourquoi la deuxième fois le sabotier donne-t-il quinze sous à Lisette et seulement cinq sous à Pierre ?
5. Quelle « leçon » donne le grand-père à son petit-fils ? Qu'en pensez-vous ? A quelle tradition s'apparente-t-elle ?
6. Expliquez l'expression : « Qui ne sait compter qu'à l'estime de la vue. »

Allons plus loin

1. Recherchez des textes connus où les femmes ont le dernier mot.
2. Les œufs de Pâques : la grand-mère donne à Lisette des œufs dans un mouchoir. Connaissez-vous d'autres coutumes, relatives à Pâques ? Présentez-les à vos camarades.

---

5. *Le train* : la façon, la manière d'évoluer.

9. La mort

« Pour nous, la mort est une fête funèbre à l'occasion du départ de quelqu'un vers un autre monde. »

Dans la chambre du mort, on a déjà arrêté l'horloge, voilé les miroirs quand il y en a. On a évacué tous les objets brillants, caché les boules de pardon, les photographies encadrées, ramassé les bibelots futiles. Restent les crucifix et les images pieuses que l'on rassemble de toutes parts. Les habilleurs de la mort s'affairent en silence autour du cadavre. Ce sont des spécialistes et connus comme tels. Des femmes ou des hommes, mais jamais les deux ensemble, jamais des femmes pour un mort, jamais des hommes pour une morte. On arrange le lit pour la parade. On recouvre ses parois intérieures, s'il s'agit d'un lit clos, ou les murs qui l'entourent de draps et de toiles. Les plus pauvres empruntent ce qu'il faut. C'est la *chapelle blanche*. Sur le banc du lit ou la table de nuit, un rameau bénit trempe dans l'eau bénite d'une assiette blanche. Le mort peut recevoir honorablement. Il est soigneusement revêtu de ses meilleurs habits du haut en bas, chaussures comprises, à l'exception du chapeau d'homme, encore certains demandent-ils qu'on enterre leur chapeau avec eux. Pas une épingle ne manque à la coiffe des femmes.

La famille est laissée à sa douleur. Les voisines s'emparent de la maison. Pendant deux ou trois jours, elles y feront tout ce qu'il convient d'y faire et même plus, rabrouant à l'occasion les proches du défunt quand ils font mine de s'inquiéter de ceci ou de cela. « Vous n'avez pas honte de penser à votre maison quand votre père est mort ! » Quelques hommes de la *compagnie* revêtent leurs meilleurs habits de deuil, prennent le bâton et s'en vont à pied à travers le canton pour avertir tous les membres de la famille jusqu'aux cousins issus de germains, sans oublier les alliés. Peu importe que ceux-ci aient déjà connu la nouvelle par quelqu'un qui court le pays pour ses affaires, chiffonnier, mercerot[1], maquignon[2], chemineau[3] de hasard. Il faut attendre l'envoyé spécial, dûment mandaté[4], qui

---

1. *Mercerot* : mercier.
2. *Maquignon* : marchand de chevaux.
3. *Chemineau* : homme qui parcourt les chemins en accomplissant de petites besognes ou en mendiant.
4. *Mandaté* : envoyé choisi pour accomplir cette mission.

L'Ankou, le squelette à la faux, le trépas lui-même...

ne manquera pas de venir. S'il ne vient pas, c'est que vous êtes « sortis de parenté » et quelle humiliation pour vous ! Il n'est pas question que vous alliez à l'enterrement puisqu'on ne se souvient pas de votre nom. Ou alors, il vous reste la ressource de courir, sans invitation, veiller le défunt durant une nuit entière. C'est le meilleur moyen d'être de nouveau inscrit dans les mémoires comme un cousin, peu importe à quel degré. Et même vous aurez droit à des égards particuliers parce qu'on se sentira coupable de vous avoir oublié. Mais il est rare que l'on oublie quelqu'un de la parenté, surtout s'il est de condition misérable. Passe encore de négliger les parents riches, ceux-là viendront de toute façon, ne serait-ce que pour se montrer. Ils ne peuvent pas faire autrement. Mais les pauvres ne viendront pas si l'envoyé n'a pas franchi leur seuil pour faire l'annonce selon les règles. C'est déjà assez dur d'être pauvre. S'il fallait encore abdiquer[5] tout honneur, on en arriverait vite à perdre son nom. [...]

Pour les parents qui sont au loin, il y a la poste et son télégramme. Il s'arrête aux frères, aux sœurs et aux enfants dont on sait qu'ils peuvent se payer le voyage. A quoi bon mortifier[6] ceux qui n'ont pas de quoi venir ! On leur fera une lettre plus tard. [...]

---

5. *Abdiquer* : renoncer à.   6. *Mortifier* : humilier.

On veille les morts pendant deux nuits. Dans la journée, sur les bancs et les chaises rangés contre les murs et les cloisons, se succèdent les gens qui ont tout leur temps, ceux qui habitent à l'autre bout de la paroisse, ceux qui n'ont qu'un moment à distraire. Et il y a le va-et-vient des bons amis et des parents qui tiennent à être là pour accueillir tout un chacun et faire le compte de ceux qui sont venus pour savoir se conduire avec eux en pareille occasion. Mais au soir tombé, après la soupe, la maison se remplit des familiers qui viennent passer au moins une demi-nuit. La maîtresse de la maison a fait faire les provisions qu'il faut pour donner à boire et à manger à tout le monde. Le recueillement règne dans la salle de la *chapelle blanche*. Mais tout autour, dans le couloir et les autres pièces, le ton des conversations monte de plus en plus à mesure que la nuit avance.

Chapitre III

Réfléchissons

1. Faites le plan du passage en donnant un titre à chaque partie.

2. Les objets

a) Quel rôle jouent-ils dans cette « fête funèbre » ?
b) Pouvez-vous les classer en deux groupes distincts ?
c) Pourquoi, selon vous, arrête-t-on l'horloge et voile-t-on les miroirs ? Quelle signification semblent y attacher les Bretons ?

3. La réputation

Relevez les détails, les termes précis qui là encore marquent le souci de la réputation. Cela vous semble-t-il normal ?

4. La coutume

Quelles sont les coutumes à respecter lors d'un deuil ?

5. Ce passage justifie-t-il l'expression qu'utilise Pierre-Jakez Hélias, à savoir « une fête funèbre » ?

Allons plus loin

Écoutez les chansons de Georges Brassens *(Le Testament, La Supplique pour être enterré sur la plage de Sète)* et celle de Jacques Brel *(A mon dernier repos)*. Comment ces deux chanteurs-poètes parlent-ils de la mort ?

10. « Maintenant, c'est la veille de Noël. »

Maintenant, c'est la veille de Noël et j'ai cinq ou six ans, je ne sais plus très bien et personne n'est plus en mesure de me renseigner là-dessus. Cinq ou six ans peut-être, quatre après tout, la mémoire est si faible chose quand il s'agit d'événements qui ne comptèrent que pour l'enfant que j'étais et qui se moquait bien, alors, de prendre ses repères. Mettons cinq ans et n'en parlons plus.

C'est donc la veille de Noël et mon grand-père Alain Le Goff, si tranquille d'habitude, si ménager[1] de ses paroles pour d'autres que son petit-fils — le seul en ce temps-là — mon grand-père se démène à grand bruit entre la maison et la cour, réprimandant sa fille parce que rien ne se trouve à l'endroit où il le cherche et déclarant que, la nuit prochaine, l'honneur de la famille sera mis à rude épreuve, à moins que la honte rouge ne nous fasse tous trépasser[2], ce qui serait le moindre châtiment pour nos erreurs. Et ma mère qui étouffe de rire en cherchant la brosse à chiendent. Moi, je suis outré[3]. Comment se fait-il que rien ne soit prêt dans une maison où tout marche si bien d'ordinaire, et cela précisément quelques heures avant l'arrivée d'un hôte qui a droit aux meilleurs égards. Car, cette nuit, l'enfant Jésus lui-même descendra dans ma cheminée pour m'apporter la récompense d'une année de sagesse, à peine dérangée par quelques péchés véniels[4] que j'ai rachetés, à chaque fois, aux dépens de la peau de mon derrière.

Je ne connais pas le père Noël. Mes parents non plus. Mon grand-père encore moins. L'enfant Jésus n'a pas délégué ses pouvoirs à ce personnage à barbe et houppelande[5] qui sera plus tard une caricature des grands-pères quand ceux-ci auront été déchargés de l'éducation de leurs petits-fils. Il ne viendrait à l'idée de personne d'aller déplanter un sapin dans quelque bois pour le faire trôner au beau milieu de la maison. A-t-on jamais vu un sapin prendre racine dans la terre battue ! Tandis que la bûche de Noël a bien sa place dans la cheminée, pas vrai ! C'est une bûche qui nourrit le feu, qui réchauffe la maison et qui préserve aussi de l'orage, sans compter d'autres

---

1. *Ménager* : économe.
2. *Trépasser* : mourir.
3. *Outré* : scandalisé, indigné.
4. *Véniels* : insignifiants, excusables.
5. *Houppelande* : ample manteau, souvent fourré.

vertus qu'on ne connaît pas toujours. Cette bûche est déjà préparée au fond de l'âtre. L'Enfant Jésus peut venir en robe blanche et les pieds nus. Il n'aura pas froid.

Oui, mais voilà ! Il n'entre point par la porte. La porte laisse passer n'importe qui. Et ce n'importe qui, même grand-père, est toujours chargé de quelque péché. L'enfant descend par la cheminée. Toute noire qu'elle soit, la cheminée est pure à cause du feu qui purifie tout. Et c'est pourquoi grand-père se démène pour préparer notre meilleure échelle à l'intention du Fils. Le Fils a voulu être homme. Il n'a donc pas d'ailes comme les anges. C'est facile à comprendre. Et c'est pourquoi ma mère prête sa meilleure brosse de chiendent pour nettoyer l'échelle avec le renfort d'un seau d'eau. Quel remue-ménage ! Enfin, la voilà propre et sèche. Alain Le Goff va jusqu'à badigeonner les blessures du bois avec un pinceau trempé dans un produit noir. Là-dessus, il soulève l'échelle avec précaution, la fait entrer dans la maison en nous écartant de son chemin avec une voix rude, comme il convient quand on vous gêne dans vos travaux sérieux. Voilà l'échelle dressée, non sans mal, dans la cheminée. L'Enfant Jésus pourra descendre à son aise. Je suis éperdu[6] d'attente.

Il viendra vers minuit, dit grand-père. Si vous pouvez demeurer éveillé jusque-là, vous le verrez par le trou du lit clos. Je voudrais bien voir l'Enfant Jésus qui doit être de mon âge, n'est-ce pas, et qui sait sûrement jouer aux billes. Mais les émotions de la journée sont trop fortes. Et puis, grand-père n'arrête pas de me faire aller ici et là sans me laisser un moment de répit. A sept heures du soir, je dors déjà en mangeant ma soupe. A huit heures, après une lutte héroïque pour garder mes yeux ouverts, c'est à peine si je peux grimper tout seul sur ma paillasse de balle d'avoine. Je sombre corps et âme dans le crissement lointain des portes du lit qui se referment sur moi.

Un bruit de tonnerre me réveille. Serait-ce la fin du monde sur nous ? Mais la trompette de l'Archange est un tambour que je connais bien pour l'avoir fait sonner moi-même. Celui que mon oncle Jean Le Goff m'a rapporté de quelque ville avant d'aller se faire tuer à la guerre. Mais comme il résonne fort ! Qui se permet... Je me dresse dans ma chemise de

---

6. *Éperdu* : affolé, agité, troublé.

chanvre, je colle un œil dans une des sculptures à jour de mon lit clos et je vois. Je vois grand-père, en chemise lui-même, les pieds nus dans ses sabots, dressé sur le sol de terre battue, qui sonne la charge du mieux qu'il peut. Il devine mon œil derrière un des trous, il voit mes doigts qui s'agrippent aux fuseaux du lit. Il s'arrête et d'une voix désolée :

« J'ai été pris de court, dit-il. Je vous ai réveillé aussi vite que j'ai pu, mais c'était déjà trop tard. Il n'a fait que descendre et remonter. Moi-même, c'est à peine si j'ai vu le pan de sa robe. Il a tant de travail à faire cette nuit, le pauvre Enfant Jésus ! Mais il a laissé quelque chose pour vous derrière lui. Venez donc voir ! »

Dans mon sabot droit, il y a une pomme d'orange, dans le gauche un Jésus en sucre. On m'expliquera que je ne puis manger ni l'un ni l'autre avant des jours et des jours d'exposition sur le vaisselier. Regardez mieux, dit grand-père. Au fond du sabot gauche, il y a un cornet de bonbons rouges des plus communs, au fond du sabot droit une barre de chocolat. Je m'assieds sur la pierre du foyer pour les goûter tout de suite.

Ils sont voués à la consolation du pauvre chrétien en herbe qui a manqué son rendez-vous avec le Sauveur.

Chapitre III

Réfléchissons

1. En quoi cette journée est-elle inhabituelle ?

2. Quel personnage une fois de plus occupe le premier plan ? Quel comportement a-t-il ?

3. Comparez Noël tel que l'a vu Pierre-Jakez Hélias et Noël tel que vous l'avez vécu au même âge, c'est-à-dire cinq ans. Notez les ressemblances et les différences.

4. Quelle est l'attitude de l'enfant au cours de cette journée ? Vous surprend-elle ? Pourquoi ?

5. Les cadeaux

a) Expliquez l'expression « pomme d'orange ».
b) Quelle est la caractéristique des cadeaux offerts à Pierre ?
c) Comparez ce passage avec ce qu'écrit Pagnol dans *Le Château de ma mère* : « Dans un coin de la salle à manger un petit pin devenu sapin pour la circonstance ; à ses branches étaient suspendus une douzaine de pièges tout neufs, un couteau de chasse,

un poudrier, un train à ressort, du fil d'archal pour faire des collets, des sucres d'orge, un pistolet à bouchon, enfin toutes sortes de richesses. »

Qu'est-ce qui vous frappe le plus dans ces deux passages ?

Allons plus loin

1. Noël, une tradition bien vivante
Choisissez un pays (qui observe cette fête, bien entendu). Comment s'y déroule Noël ?

2. « La société de consommation a fait de Noël une fête de l'argent où l'aspect religieux a presque disparu. »
Expliquez cette phrase et présentez en les ordonnant les réflexions qu'elle vous inspire ; appuyez vos arguments sur des exemples précis.

3. Expliquez et discutez s'il y a lieu la réflexion de Pierre-Jakez Hélias : « Ce personnage à barbe et houppelande qui sera plus tard une caricature des grands-pères quand ceux-ci auront été déchargés de l'éducation de leurs petits-fils. »

Exprimons-nous

Racontez le premier Noël dont vous vous souvenez.

Imaginons

En Angleterre, la tradition veut que l'on envoie des cartes de Noël *(Christmas cards)*. En liaison avec votre professeur d'Arts plastiques, concevez-en une.

11. Les pardons

Or, de tous les « jours de foi », ceux que nous affectionnons le plus ce sont les pardons. Le pardon est la fête annuelle du saint éponyme d'une église ou d'une chapelle. [...]

C'est l'année 1919 ou 1920, le 8 septembre. Je suis un enfant en jupe et bonnet à gland, assis sur le seuil de sa maison et regardant, au petit lever du jour, les théories de chars à bancs qui amènent les fidèles des campagnes profondes vers les rivages de Penhors. Viennent même des omnibus tirés à quatre chevaux où s'entassent par douzaines les petits bourgeois de Quimper. Et des foules de piétons, certains en costumes étranges, d'autres accourus de deux lieues et qui vont, pour une fois, se laver les pieds dans l'eau salée. Et tous les mendiants de la Cornouaille du Sud, la sébile à la main, la patenôtre à la bouche, le béquillard menant l'aveugle, qui se hâtent pour s'emparer des meilleures places le long de l'étroit chemin creux où passera la procession. Mais les meilleures sont déjà occupées depuis hier soir. Ne dit-on pas qu'il se ramasse autant de sous de bronze et de pièces blanches à Penhors qu'au Folgoët ! [...]

Toutes les portes du sanctuaire sont ouvertes. A l'intérieur, on voit briller des cierges au-dessus des coiffes blanches immobiles. Impossible d'entrer, sauf pour les porteurs de bannières et les prêtres qui ont, semble-t-il, une porte réservée. Nous faisons le tour du mur en pierres sèches qui cerne l'enclos et, par l'arc de triomphe, nous arrivons à nous glisser dans la foule contre le mur du sud, tout près du porche. C'est là que nous entendons la messe. Il paraît que l'an prochain, ou peut-être plus tard, elle se dira dehors, là ou nous sommes, devant un autel monté sur une estrade. Les vieilles femmes trouvent cela inconvenant. Moi, j'aimerais bien le voir. Peut-être trouverais-je le temps moins long. Autour de moi, on chante, on prie, on dévide des chapelets, on se laisse aller un peu à bavarder de choses et d'autres. Il faut bien se donner les nouvelles.

La messe finie, deux heures plus tard, une partie des fidèles s'égaille[1] dans les champs pour manger, à l'abri des murs et des talus, les provisions apportées dans les paniers ou les sacoches. Certains demeurent dans l'enclos, ils n'en bougeront pas jusqu'aux vêpres[2]. Mais la plupart d'entre eux gagnent la falaise herbue ou la portion de grève qui n'est pas gagnée par la mer. De midi à trois heures, il y aura là un énorme *fricot.* On fera connaissance d'une famille à l'autre, on échangera des nourritures et des propos de bon sens. Les hommes feront goûter leur tabac, les femmes leurs crêpes ou leurs gâteaux. Et tous les reliefs[3] seront ramassés, rien ne traînera, au besoin on creusera un trou pour y mettre les petits débris inutilisables et l'on bouchera soigneusement. Il ne faut pas salir ce qui n'est pas à vous. Pauvres, sans doute, mais civilisés. Les jeunes gens, ceux qui ne sont pas en famille, ceux qui n'ont pas voulu s'embarrasser de provisions, vont se restaurer sous de longues tentes à arceaux, dressées par des cabaretiers du pays et qui serviront toute la journée, non seulement à boire, mais à manger, particulièrement de la charcutaille et un ragoût qui trotte en plein air dans d'immenses marmites à pieds. Les deux ou trois estaminets[4] de Penhors ne désemplissent pas. [...]

C'est alors que la cloche appelle pour les vêpres. Aussitôt la grève se vide. Il ne ferait pas bon être vu dessus quand les vêpres sont commencées.

Il y a encore plus de monde qu'à la messe. Comme c'est jour de semaine, beaucoup de gens ne peuvent pas disposer de tout leur temps pour venir à Penhors. Alors, ils ont choisi l'après-midi et les vêpres à cause de la procession, une des plus belles que l'on puisse voir en Cornouaille. La voilà qui sort de l'église, croix et bannières en tête. Suit un nombreux clergé en surplis, en aumusses, en chasubles, entourant un dais doré sous lequel procède un évêque mitré[5] qui s'appuie sur la crosse. Et des missionnaires barbus en robe blanche, des moines déchaux en bure[6] rousse. Sur un brancard épaulé par des marins de l'État paraît un bateau à voiles *ex-voto*[7]. Et d'autres brancards, d'autres statues, des croix encore et des bannières. Comment tout cela a-t-il pu tenir dans la chapelle ! Enfin Notre-Dame elle-même sort de sa demeure, portée par les nouvelles mariées de l'année dans leurs grands habits de noces. C'est une très vieille statue de bois peint que l'on a vêtue d'un voile et d'un manteau neuf. La procession s'or-

---

1. *S'égaille* : se disperse.
2. *Vêpres* : office religieux célébré autrefois le soir, aujourd'hui dans l'après-midi.
3. *Reliefs* : les restes.
4. *Estaminets* : cafés.
5. *Mitré* : coiffé de la mitre, coiffure de cérémonie portée par les évêques.
6. *Bure* : robe du moine faite dans cette étoffe de laine brune.
7. *Ex-voto* : objet portant une formule de reconnaissance, en accomplissement d'un vœu ou en remerciement.

donne selon une mystérieuse hiérarchie que tout le monde connaît. Puis le prêtre entonne le premier couplet du cantique et tout s'ébranle. J'emboîterais bien le pas au clergé, mais ma mère me retient. Il faut d'abord laisser passer les « grosses têtes », puis les hommes avec lesquels j'irai plus tard. Ma place est encore derrière, avec le menu peuple des femmes.

Chapitre III

Réfléchissons

1. Faites le plan du passage.

2. *Vocabulaire* : En vous aidant du dictionnaire, donnez le sens de : éponyme — théories de chars à bancs — qui vont, pour une fois, se laver les pieds dans l'eau salée — sébile — la patenôtre à la bouche — béquillard — aumusses — chasubles — déchaux.

3. Le pardon est l'occasion d'un « brassage de population » : trouvez les éléments qui le mentionnent.

4. Par quels procédés l'auteur indique-t-il qu'il s'agit là d'une fête importante ?

5. L'évolution des mentalités : les vieilles femmes jugent l'idée de dire la messe hors de la chapelle « inconvenante ». Or, aujourd'hui, le pape Jean-Paul II, garant de la religion catholique, célèbre partout où il passe des messes en plein air. Y trouve-t-on à redire ? Analysez ce changement dans les idées.

6. La place des femmes lors de la procession : que révèle-t-elle ? Qu'en pensez-vous ?

7. Quels sentiments éprouve l'enfant tout au long de cette journée ?

8. Appréciez le mélange de foi et de paganisme qui règne durant ce pardon.

Allons plus loin

1. Connaissez-vous des fêtes religieuses particulières à certaines régions ou certaines villes ? Lesquelles ?

2. Avez-vous assisté à la retransmission à la télévision du voyage de Jean-Paul II en France au printemps 1980 ? Quelle était l'attitude des « participants » ? Quelles réflexions vous a inspirées cette « marée humaine » ?
Peut-on dire que la foi religieuse est toujours aussi vivace qu'en 1919-1920 ?

12. Têtes rouges, Culs blancs

I. Une fille à l'école communale

Il faut être un rouge avéré, et même un rouge vif, pour oser mettre sa fille à l'école communale. Car il y a une autre école, tenue par les bonnes sœurs, protégée par le recteur[1] et son vicaire[2]. Elle se trouve en contrebas du chemin qui longe
5 l'église au sud. Les filles des Blancs y reçoivent une éducation religieuse, raffinée, propre à en faire de bonnes brebis du Seigneur. Y vont aussi d'autorité celles dont les parents vivent dans la dépendance des Blancs, c'est-à-dire leur doivent leur travail et leur pain quotidien. Surtout si vous répandez votre
10 sueur sur une ferme appartenant à un Blanc de la ville, Quimper ou Paris, si vous devez abriter votre famille sous un toit de Blanc, il n'est pas question que vous fassiez instruire vos filles ailleurs que chez les Sœurs sous peine d'être invité à décamper à la prochaine Saint-Michel pour aller vous faire
15 pendre plus loin, le plus loin possible car la malédiction vous suit. Tête rouge, mauvaise tête, révolutionnaire ! Même les Rouges connus comme tels, travaillant chez les Rouges et donc sans obligation aucune à l'égard des Blancs, sont en butte à d'incessantes tracasseries. Tantôt ils se voient refuser
20 une corde de bois à feu ou un cheval et une charrette pour leurs gros travaux (et presque tous les chevaux sont aux Blancs), tantôt l'un des prêtres ou les deux ensemble assiègent sans relâche la pauvre mère de famille, souvent plus impressionnable que son mari, pour la faire résister à celui-ci qui a
25 déjà promis sa fille à la directrice de la communale. Car les instituteurs, eux aussi, font du porte à porte pour recruter les fillettes. D'abord parmi les Rouges et les jeux sont faits d'avance, mais les vrais Rouges ne sont pas nombreux, surtout dans le bourg et la campagne riche. Là où il y en a le plus, c'est
30 au village de Penhors sur la mer, habité par des pêcheurs qui font sonner très haut le nom de la République, ce qui n'empêche pas qu'ils honorent privément la Vierge de leur chapelle tout en abreuvant le clergé de sarcasmes[3] à propos des ors et

---

1. *Recteur* : en Bretagne, curé ou desservant.
2. *Vicaire* : prêtre qui aide et remplace le curé.
3. *Sarcasmes* : railleries, moqueries insultantes.

des argents qu'il tire des pardons. La grande affaire des instituteurs laïques est de convaincre les ménagers[4] qui ne sont pas sujets des Blancs et professent une sympathie pour les Rouges sans trop se déclarer pour eux. C'est aussi le cas des commerçants dont la clientèle est partagée entre les deux clans. Pour tous ceux-là, la décision dépend de savants calculs. Entre surtout en ligne de compte, en faveur de la communale, l'ambition de voir la fille accéder à la dignité d'institutrice ou de postière, l'école des sœurs préparant surtout des ménagères bonnes catholiques qui resteront chez elles, à moins qu'elles n'entrent en religion. Les prêtres et leurs alliés contre-attaquent en proclamant bien haut que l'école laïque est *l'école du Diable*, qu'on n'y apprend jamais la moindre prière (et le salut éternel alors !), que le Christ n'y a pas droit d'entrée sur sa croix, que les instituteurs rouges corrompent la jeunesse et sapent[5] les fondements mêmes de la société. Les filles des sœurs, à la fois curieuses et apeurées, demandent aux enfants rouges s'il est vrai que le Diable en personne vient quelquefois danser sur les tables avec ses cornes et ses pieds de cheval. Et les enfants rouges ne manquent jamais de répondre que c'est bien vrai, ajoutant que l'Esprit Malin se présente nu du haut en bas sans excepter le milieu. Horreur ! Certains dimanches, surtout au mois de septembre, avant la rentrée des classes, le recteur tonne en chaire[6] contre l'*École du Diable*. L'un d'entre eux surtout, l'abbé Broc'h, se déchaînera pendant des années avec une telle violence qu'il fera craindre l'écroulement de la chaire en question sous ses coups de poing. De mon banc, je verrai mon père et quelques autres rentrer les épaules sous les malédictions pleuvant sur eux de trois mètres plus haut tandis que les Blancs leur distilleront[7] en coulisse des regards chargés de réprobation[8]. Et avant de descendre pour retourner à l'autel, le terrible recteur ou son doucereux vicaire lèvera les yeux au ciel en invoquant le Seigneur : des écoles sans Dieu et des maîtres sans foi délivrez-nous, Seigneur ! L'assistance entière, y compris les Rouges, répondra d'une seule voix : ainsi soit-il !

Chapitre IV

---

4. *Ménagers* : travailleurs agricoles.
5. *Saper* : détruire, ébranler.
6. *Chaire* : tribune élevée du haut de laquelle le curé s'adresse aux fidèles à l'église.
7. *Distiller* : envoyer.
8. *Réprobation* : reproche, blâme.

Réfléchissons

1. *Rouge-Blanc* : trouvez l'origine du choix de ces deux couleurs. Que symbolisent-elles ? Faites appel à vos cours d'histoire.

2. Quel parti semble dominer traditionnellement en Bretagne ? Souvenez-vous de la Révolution française et des Chouans (au besoin, lisez ou relisez le roman de Balzac, *Les Chouans*).
Est-ce compréhensible si l'on songe à leur pauvreté ?

3. L'Église a un rôle prépondérant en ce qui concerne l'éducation des filles. De quelle façon se manifeste-t-elle ?

4. Quelle est la différence essentielle entre l'éducation chez les sœurs et celle donnée par l'instituteur « rouge » ? Qui fait preuve d'étroitesse d'esprit et pourquoi ? A quel moment apparaît cette étroitesse d'esprit ?

5. Est-il incompatible d'être rouge et croyant ?

6. Relevez des détails amusants.

Allons plus loin

1. Une opposition traditionnelle.
Dans les souvenirs d'enfance, Pagnol décrit les opinions de son père Joseph et les discussions qui l'opposent à son oncle Jules. Plus près de nous et sur un mode franchement comique, des films mettent en scène Fernandel dans le rôle de *Don Camillo*.

2. A l'heure actuelle un débat de fond oppose l'École laïque et l'École libre.
Recherchez les articles ayant trait à ce sujet et présentez-en une synthèse.

3. La liberté pour chacun de choisir sa forme d'enseignement : qu'en pensez-vous ?

13. Têtes rouges, Culs blancs

II. Un garçon à l'école communale

Quand je pars, moi, pour l'école laïque, il n'y a pas de drame pour la simple raison que cette école est la seule qui existe pour les garçons. On pense à bâtir une école de Frères et cela sera fait plus tard. Pour le moment les garçons blancs fréquentent donc l'École du Diable, subissent les instituteurs républicains. Ils n'ont d'ailleurs pas l'air d'en souffrir autrement. Ils passent gaillardement le certificat d'études qui n'est pas réputé diabolique, c'est encore une chance. Les parents blancs eux-mêmes ne font pas de difficulté pour avouer que notre école marche bien, que nos maîtres sont à la hauteur. Le Diable, apparemment, favorise autant les Blancs que les Rouges. Il n'est donc pas question pour le recteur de sanctionner ces derniers ni leurs mères.

En fait, s'il n'y a pas d'école des Frères, c'est aussi parce que les Blancs ne croient pas tellement aux bienfaits de l'instruction, alors que pour les Rouges, foi de Monsieur Le Bail[1], elle est la panacée[2].

Gwelloh deski mabig bian (Mieux vaut instruire le petit enfant)
Eged dastum madou dezan (Que de lui amasser des biens.)

Les Blancs ont de quoi occuper plus tard leurs enfants dans leurs fermes ou leurs commerces, les Rouges savent bien que les leurs, à part quelques-uns, devront s'en aller. Et un bon certificat d'études, une connaissance convenable du français, est un bel atout[3] pour devenir cheminot ou second-maître dans la marine. Ne serait-ce même que pour s'aventurer vers Paris avec un petit métier. La politique des Blancs consiste à garder leur progéniture[4] dans le pays où leur place est faite, sera consolidée plus tard par des alliances mûrement préparées, fera d'eux les gros bonnets possesseurs des terres et des grosses maisons marchandes. En cela, ils sont aidés par les prêtres qui n'arrêtent de vitupérer[5] les entreprises diaboliques

---

1. *Monsieur Le Bail* : député-maire républicain (rouge) de Plozévet.
2. *Panacée* : remède universel.
3. *Atout* : chance, avantage.
4. *Leur progéniture* : leurs enfants.
5. *Vitupérer* : blâmer avec force.

des Rouges que pour condamner, à grand renfort d'exemples salutaires, la corruption des villes et supplier les jeunes filles
35 de rester chez elles si elles ne veulent pas perdre leur âme. Ils condamnent d'avance aussi celles qui auraient envie de couper leurs cheveux « à la garçonne » et donc d'abandonner la coiffe pour se mettre en costume de ville comme les institutrices de l'École du Diable, ces dévergondées.

Chapitre IV

Réfléchissons

1. Si l'on compare ce texte avec le passage concernant les filles à l'école, une importante contradiction surgit immédiatement. Laquelle ? Quelle justification en donne Pierre-Jakez Hélias ?
2. Quels sont en revanche les traits communs aux deux textes ?
3. Quels procédés emploie l'auteur pour tourner en dérision cet acharnement contre la République ?
4. Le rôle que joue l'École en faveur des plus déshérités : quel est-il ? Est-ce la même chose aujourd'hui ?
5. « Ces dévergondées ». Que pensez-vous de cette expression appliquée aux institutrices ?

Allons plus loin

Enquête : Étudiez l'évolution du système scolaire depuis Jules Ferry jusqu'à nos jours.

14. « Une connaissance du français est un bel atout... »

A l'école, il est interdit de parler breton. Il faut tout de suite se mettre au français, quelle misère ! Au début, nous avons beau faire, nous entendons du breton dans les paroles de la maîtresse des petits. Ou plutôt, nous essayons, vaille que vaille, de reconnaître dans la suite de sons qu'elle émet des mots bretons connus. [...]

Nous nous mettons bientôt à la torture, bourrés de bonne volonté, pour fabriquer de petites phrases en français. Est-ce de notre faute si des mots bretons se glissent dedans ? D'ailleurs, le maître est le seul à s'en apercevoir. Quand il assène un coup de règle sur la table, nous savons que nous avons failli[1]. Il reprend la phrase avec le mot français. « J'ai vu *eur c'hwede* ce matin », dit l'un de nous. Le maître a écrit au tableau : *une alouette*. Répétez : « J'ai vu une alouette ce matin. » Mais quelquefois lui-même, empêtré dans ses définitions, voyant qu'il n'est pas compris, finit par avoir recours au mot breton quand il n'a pas d'image à sa disposition. [...]

De lâcher quelques mots bretons dans la classe ne tire pas trop à conséquence[2]. C'est dans la cour, pendant nos libertés surveillées, que nous risquons de nous faire surprendre à bavarder par phrases entières dans un coin du préau. Au plus fort d'une discussion passionnée entre écoliers, il arrive que l'un des maîtres qui arpentent l'espace entre le dos de la mairie et la barrière du jardin directorial s'est approché à pas de loup. Dans les petites classes, nous en sommes quittes pour un revers de main, une oreille froissée et la promesse de ne plus recommencer. Mais plus nous avançons en âge et plus les punitions nous pleuvent dessus. Toujours pour notre bien. C'est ainsi que l'année des bourses, je me vois infliger la conjugaison à tous les temps et tous les modes du verbe dactylographier, cette horreur. Que je dactylographiasse, que nous dactylographiassions ! Je ne sais pas ce que j'ai, cette année-là, mais c'est la troisième ou quatrième fois que le directeur, monsieur Gourmelon, me tombe dessus pendant

---

1. *Nous avons failli* : nous nous sommes trompés.   2. *Tirer à conséquence* : être grave.

que je suis en train de discourir en breton avec Alain Mazo ou Alain Le Gall, deux autres candidats. Il nous a pourtant expliqué que lorsqu'on prépare un examen aussi important pour l'avenir, il faut s'entraîner sans cesse à parler français. Il a raison sans aucun doute. Lui-même nous fait revenir le jeudi dans sa classe, nous donne une dictée et deux ou trois problèmes pour nous aguerrir. Gratuitement, cela va sans dire. Nous sommes tout honteux de le décevoir en retombant dans notre péché mignon. Mais le breton nous vient tout seul sur la langue dès qu'il ne s'agit plus des matières de l'école. Comment pourrions-nous parler en français de ce qui se passe dans notre bourg où l'on ne parle que le breton ? Et puis, le français manque vraiment de force. Tenez, seulement pour les injures, par exemple. Traiter quelqu'un d'idiot ou d'imbécile, cela n'est guère. En breton, nous disposons d'un arsenal de termes dont chacun se rapporte à une déficience anatomique qui traduit l'insuffisance intellectuelle de l'adversaire et le frappe comme un caillou. [...]

Quand ils argumentent avec les Rouges, les Blancs affirment volontiers que les gars du gouvernement font apprendre le français aux enfants de Basse-Bretagne parce qu'ils ont besoin de domestiques pour vider les pots de chambre des bourgeois de Paris et qu'il est donc indispensable à ces domestiques de comprendre le langage de leurs futurs maîtres. C'est bien possible. Les Rouges rétorquent[3] avec vigueur qu'une bonne connaissance du français permettra à leurs enfants de s'élever au-dessus de la condition de domestiques et qu'à tout prendre, tant qu'à être sous les autres, on a moins de peine à servir les bourgeois qu'à trimer[4] dans des champs qui ne sont pas à vous, outre que l'on gagne plus.

Chapitre IV

Réfléchissons

1. a) Quelle difficulté majeure rencontrent les petits Bretons à l'école ? Pourquoi ?
b) Relevez les termes soulignant qu'il s'agit d'une « torture ».

---

3. *Rétorquer* : répondre.   4. *Trimer* : travailler dur.

2. Est-il facile pour le maître d'enseigner le français ? Justifiez votre réponse.

3. Pourquoi l'opposition français-breton est-elle aussi grande ?

4. Quelles sont les différentes punitions « accordées » aux récalcitrants ? Vous semblent-elles avoir une valeur pédagogique ?

5. La politique et l'école
Les arguments des Blancs et des Rouges sont-ils absolument exacts ? Quels sont les buts avoués et non avoués de cet apprentissage du français ?

6. Aujourd'hui, il y a retournement de situation. De quelle façon ?

Allons plus loin

1. « Mais alors c'est la République qui ne veut pas du breton. » Expliquez cette phrase prononcée par Pierre-Jakez Hélias. Quelles sont vos idées à ce sujet ? (N'oubliez pas qu'il faut situer le texte dans les années 1920.)

2. Connaissez-vous des langues qui, tel le breton, se parlent dans certaines régions ? Lesquelles ? Cherchez un texte dans cette langue. Comparez-le à sa traduction.

Exprimons-nous

Racontez sur le mode humoristique les difficultés que vous avez rencontrées (ou que vous éprouvez encore) lors de l'étude d'une langue étrangère.

15. Le facteur-piéton

Un dernier personnage fait partie de notre univers familier. Il n'a rien à voir avec l'école du renard[1] ni avec les *termajis*[2], mais il partage avec les instituteurs et le chef de gare le privilège de parler le français comme un livre. Et il a sur eux l'avantage considérable de préférer le breton, outre qu'il est habillé, comme nos pères, en paysan bigouden. C'est pourtant lui qui nous relie au reste du monde et qui nous en apporte fidèlement les nouvelles. Les femmes du lavoir suffisent bien pour la chronique parlée du bourg et de la paroisse. Mais pour savoir ce qui se passe ailleurs, pour l'apprendre en noir sur blanc à la plume ou à l'écriture moulée[3], nous comptons sur l'*homme-des-lettres*, le facteur-piéton que certains vieux de la campagne appellent encore le *postillon*.

Il nous arrive tous les jours de Plogastel-Saint-Germain sur ses chaussures cuir-et-bois. Plogastel étant à sept kilomètres dans les terres, la tournée de l'homme va donc chercher plus de six lieues[4] à pied quand on compte la descente sur le port de Penhors et les chemins de terre qui mènent aux fermes isolées. Depuis, plus d'un marcheur de fond a vu son nom et son portrait dans les gazettes[5] pour avoir mesuré de ses pas mille fois moins de terre que ce pauvre postillon. Il est vrai qu'il parcourt toujours le même pays. Et bien d'autres que lui poursuivent leur pain aux dépens de leurs semelles. Mais lui, de la prime aube au crépuscule, n'arrête pas de mettre un pied devant l'autre.

Il porte un chapeau rond sans guides[6] et un gilet bigouden usé par endroits jusqu'à la corde. C'est à cause de la lanière de son sac qu'il ne cesse de se ramener sur le ventre et de se repousser sur les reins plus de cent fois au cours de sa tournée. Le sac lui-même est de gros cuir craquelé et sans couleur pour avoir reçu trop de pluie sur une peau sans poils. Cousu au

---

1. *L'école du renard* : l'école buissonnière ; « c'est l'odeur violente de la liberté qui nous prend soudain à la gorge... ».
2. *Termajis* : « bateleurs de tout acabit qui passent par la contrée... en souvenir de leurs prédécesseurs qui montraient la lanterne magique ».
3. *Écriture moulée* : régulière et bien formée.
4. *Lieue* : environ 4 kilomètres.
5. *Gazette* : journal, revue.
6. *Guides* : lanières.

soufflet, un petit écrin contient la bouteille d'encre pour les signatures. Quand le facteur ouvre son sac, on y voit les enveloppes jaunes et les journaux rangés dans un ordre
35 mystérieux. C'est un spectacle de choix qui attire presque autant de monde que la petite voiture à trois roues du Planteur de Caïffa. Les lettres viennent surtout des marins et des soldats qui patrouillent à travers le monde, des enfants en condition[7] à Paris. Certains n'en reçoivent jamais, n'ayant ni
40 pair[8] ni parent au-dehors. Cela ne les empêche pas de demander, de temps en temps, s'il y a quelque chose pour eux. « Une autre fois », répond le facteur. Les esseulés[9] se consolent avec les nouvelles des autres qui font le tour du bourg, assortis[10] de longs commentaires.
45 Le facteur-piéton n'est pas bavard. Pourtant il en sait, des choses. Il lit même les lettres de ceux qui n'ont pas appris à démêler l'écriture. On lui donne à manger dans une ferme ou une autre selon la meilleure rencontre, une pension, un mandat, un bon colis, l'annonce d'un retour attendu. Quand il
50 flaire que la lettre est mauvaise, il n'entre pas, quelque instance[11] qu'on lui fasse. Je le vois posant son sac sur la table, débouchant sa bouteille d'encre, tendant le porte-plume pour la signature. Il semble n'être pas sur terre. A tout ce qu'on dit il répond ma foi oui, hélas, non, sans doute, bien sûr, peut-
55 être, c'est bon, comme de juste. Il a un ourlet à l'intérieur de la lèvre supérieure, comme une cicatrice.

Il est toujours tard quand il repasse devant la maison pour retourner à Plogastel. Souvent, il doit lutter contre la pluie et le vent avec son sac vide sur le ventre. La fatigue le fait tirer
60 des bords sur la route. A quoi pense-t-il, tout seul dans la nuit ? Peut-être aux chants d'oiseaux du lendemain. Un matin que je suis dans mon champ de Meot, je l'ai surpris à charmer une volée de moineaux qui s'égosillaient sur un buisson d'aubépine. Ils s'arrêtaient de bouger de la queue sur leurs
65 branches pour l'entendre siffler avec sa lèvre couturée. Quand il reprend sa marche vers le bourg, ils lui font un bout de conduite pendant qu'il siffle toujours. Peut-être leur confie-t-il les nouvelles qu'il a dans son sac ?

---

7. *En condition* : employés à Paris.
8. *Pair* : ami.
9. *Esseulés* : personnes délaissées, isolées.
10. *Assortis* : accompagnés.
11. *Instance* : prière, sollicitation.

Bientôt prendra sa retraite le facteur-piéton qui a presque le
même âge que mon grand-père. Il ne quittera plus guère son
penn-ti de Plogastel, mais ses vieilles jambes condamnées au
repos le démangeront encore quelque temps avant de le laisser
en paix. Il sera remplacé par un cycliste fonctionnaire en habit
bleu et en képi qui nous intimidera aussi fort qu'un garde
champêtre. Et celui-là ne parlera guère que le français.

Chapitre IV

Réfléchissons

1. Faites le plan de ce passage en résumant d'une phrase brève l'essentiel de chaque partie.

2. Le facteur-piéton appartient à l'univers familier : pourquoi ? Expliquez le sens du mot « postillon. » Qu'incarne-t-il aux yeux des habitants ?

3. Quels détails accroissent la confiance qu'on a en lui ? Quelles sont les manifestations de cette confiance ?

4. De quelles qualités fait-il preuve ?

5. Aime-t-il son métier ? Justifiez votre réponse.

6. Le sac, élément essentiel du personnage : par quels procédés l'auteur le souligne-t-il ?

7. Poésie et mystère entourent le facteur-piéton. Montrez-le.

8. Deux phrases brossent le portrait du nouveau facteur, mais elles suffisent à l'opposer au facteur-piéton. Relevez et analysez ces différences.

9. Quelle nuance renferme, sous la plume de Pierre-Jakez Hélias, le mot « fonctionnaire » ? Expliquez-la.

Imaginons

1. Racontez l'arrivée du facteur-piéton dans une des maisons du bourg ; porteur d'une lettre du fils, marin, il va la lire aux parents. Le style d'un marin n'est pas le même que celui d'un instituteur ; alors respectez-le. N'oubliez pas de faire part des réflexions qui ponctuent cette lecture.
Souvenez-vous de la lettre que Marius écrivait à César (Marcel Pagnol : *Fanny*).

2. En vous inspirant de la façon dont Pierre-Jakez Hélias oppose brutalement, à la fin du passage, « l'ancien et le nouveau » facteurs, décrivez de même une petite poste de village et son receveur au début du siècle ou dans les années cinquante.

16. Le pain

Donnez-nous aujourd'hui notre pain quotidien ! Pour beaucoup de pauvres diables, c'est une prière qui vient du cœur car le pain n'est pas très assuré. Il y a encore des maisonnées d'enfants qui se disputent les tranches et les quignons. Je vois des fillettes de huit et dix ans gardant des bébés qui sont leurs oncles ou leurs tantes. Ils sont sept, neuf, douze et même plus, avec des faims de loups. Et la farine cuite est la base de la nourriture avec peu de chose autour. Depuis la guerre de quatorze, il est vrai, les familles sont moins nombreuses. Les pères ont été absents si longtemps. Ils ont vu tant de misères qui n'étaient pas dans leurs habitudes. Mais au retour, ils ont retrouvé la *Chienne du Monde*[1] devant leur *penn-ti*, assise sur son arrière-train. Il a fallu qu'ils se remettent à faire ou à se procurer du pain comme avant.

Ceux qui le font, ce pain, en connaissent bien le prix. Sueurs et inquiétudes. Et une sorte de religion à son égard. Ils tracent toujours la croix sur l'envers de la tourte[2]. Certains vieux se signent encore avant de l'entamer. Et il faut les voir le manger pour se rendre compte qu'ils célèbrent un office. Ils le hument, le mâchent lentement, le savourent d'un air réfléchi. Les miettes qui tombent sur la table sont ramassées soigneusement dans la paume et happées jusqu'à la dernière. Le pain, c'est leur propre corps. Autrement, ils ne sont pas difficiles. Le sabotier déclare à qui veut l'entendre qu'il n'y a que trois choses au monde qu'il ne saurait manger : la suie, la fiente de poule et la pierre de granit. Mais le pain, c'est le Paradis Terrestre.

Les enfants le savent aussi de bonne heure. Quand ils vont chercher le pain de dix livres chez le boulanger, ils surveillent déjà la balance. Dix livres c'est dix livres, pas une once[3] de moins. Le boulanger pèse la tourte et, avec son grand couteau, il prélève ailleurs un morceau qu'il ajoute pour faire le poids. Ce morceau, il le pose délicatement sur la tourte et aussitôt il lève les deux mains pour bien montrer qu'il ne touche pas le plateau, qu'il donne un poids juste et même un peu fort. On raconte qu'un boulanger (d'un autre pays, bien sûr) avait

---

1. *La Chienne du Monde* : la misère.
2. *Tourte* : pain rond.
3. *Une once* : très petite quantité.

l'habitude de laisser choir sa main sur le plateau en même temps que le pain, ce qui faisait tomber le fléau[4] durement. Et le pain était retiré avant que ce fléau ne remontât. Jusqu'au jour où un client à qui on ne la faisait pas s'empara de la main de l'homme et voulait à tout prix la couper en disant : « Ce morceau-là est aussi à moi : il était sur la balance. » Les boulangers n'aiment pas qu'on fasse allusion à cette histoire (bien qu'elle se soit toujours passée ailleurs) pas plus que les meuniers n'aiment entendre dire que leur chemise est bien habile car elle attrape tous les matins un voleur.

Donc, l'enfant met la tourte sur sa tête et prend le morceau dans sa main. Le voilà qui retourne chez lui. Et chez lui c'est quelquefois loin. Ses entrailles font du bruit. Il commence à ronger le morceau, une bouchée d'abord puis une autre. Après quoi il est tout surpris de constater que sa main est vide. Angoisse. Quand il posera le pain sur la table, sa mère lui demandera : « Il n'y avait pas de morceau pour finir le poids ? » Il ne répondra rien. Et sa mère : « Et vos frères ? Et vos sœurs, alors ? Vous n'avez pas honte ? » Ou il écopera[5] d'une gifle ou deux. Le pire c'est quand la tourte pèse dix livres juste. Cela arrive. Alors, c'est la terrible tentation. Le pain nu sur la tête, il lutte pendant tout le trajet du retour. Et il finit par monter sa main jusqu'à la baisure[6] molle, sur le côté. Il en tire un doigt de mie, un tout petit doigt. Et la main remonte toute seule. A la fin, il y a un trou dans le pain. Les joues, les oreilles et les fesses vont le payer. Inutile de rejeter la faute sur la souris. Les parents ne voudront rien savoir, surtout le père à qui il arrive d'aller chercher le pain, prétexte pour faire un tour de bourg. Et quelquefois, sans y penser, lui aussi dévore le morceau qui fait le poids. Alors, il vaut mieux ne pas se frotter à lui.

Chapitre VI

Réfléchissons

1. De quoi le pain est-il le symbole ?

2. Pourquoi la prière « Donnez-nous aujourd'hui notre pain quotidien » prend-elle ici toute sa valeur ?

---

4. *Fléau* : tige horizontale d'une balance aux extrémités de laquelle sont fixés les plateaux.
5. *Écoper* : recevoir.
6. *Baisure* : endroit où un pain en a touché un autre dans le four.

3. « Depuis la guerre de quatorze, il est vrai, les familles sont moins nombreuses. » Expliquez cette phrase.

4. Le pain est une religion : relevez les termes établissant cette comparaison.

5. Les vieillards respectent le pain ; les enfants, eux, connaissent-ils sa valeur ? Justifiez votre réponse.

6. « (D'un autre pays, bien sûr) » : expliquez cette parenthèse. Sur quel ton Pierre-Jakez Hélias l'écrit-il ?

7. Pourquoi la tentation est-elle un véritable supplice pour l'enfant ? Comment se manifeste-t-elle ? Que ressent-il ?

8. Est-il seul à la subir ?
Pourquoi ne vaut-il mieux pas se frotter au père ? Quels sentiments agitent ce dernier à cet instant ?

Allons plus loin

1. Comparez ce passage au texte de Jacques Lacarrière, situé dans la deuxième partie de ce recueil.

2. Pierre Jakez-Hélias écrit aussi : « D'où vient cette faim qui habite les mieux nourris d'entre nous ? — C'est un héritage, dit Alain Le Goff, qui nous vient par le nombril. Il faut l'accepter avec les autres. » Après avoir expliqué cette phrase, vous donnerez vos impressions à propos de la réponse que fait Alain Le Goff.

17. La vieille semaine

La Vieille Semaine est la dernière de l'année. En vérité, elle va exactement de la Noël jusqu'au premier jour de l'An Nouveau. Son lundi coïncide avec la Saint-Étienne, son samedi avec la Saint-Sylvestre.

Entre ces deux saints-là, les valets et les servantes sont les maîtres de leur temps, parfaitement libres de vaquer[1] à leurs petites affaires. Leurs seules vacances de toute l'année. Ceux qui ont envie de se marier font leurs noces à ce moment, alors que les enfants des fermiers peuvent aller à l'autel[2] suivant leur convenance, en dehors des travaux pressants. La *Vieille Semaine*, pourtant, est le plus souvent l'occasion de mener la bonne vie pour ceux qui conservent leur place tandis que cherchent meilleure fortune ceux qui sont fatigués de la *vieille soupe*.

Le jour de Noël, habituellement avant midi, les valets et les servantes reçoivent de leurs maîtres l'argent de leur année de travail. Quand mon père était domestique à Kervinou ou à Lestrougi, c'est mon grand-père qui avait hâte d'aller chercher, ce jour-là, la petite poignée d'écus que son fils avait gagnée. Il y avait six autres enfants à nourrir à la maison et l'hiver n'est jamais gras pour les pauvres gens. Les parents des autres domestiques, par nécessité, jouaient le même jeu. Qu'importe ! Tous, même les plus besogneux[3], rendent au fils ou à la fille assez de gros sous pour faire bonne figure pendant la semaine d'orgueil, la *Vieille Semaine*.

Le jour de la Saint-Étienne, dans les rues de la bourgade, les domestiques occupent le haut et le bas du pavé. Ils sont les maîtres sur la place et point n'est besoin d'y regarder à deux fois pour s'apercevoir qu'il ne ferait pas bon parler de travers à ces farauds[4]-là. La nuque raide, le chapeau sur l'oreille, les gars roulent sous leur crâne des méditations de conseillers généraux pendant qu'ils déambulent gravement sur du cuir tout neuf. Les filles étrennent[5] d'avance des coiffes de dentelle et tressaillent d'orgueil chaque fois que les rubans à jours leur

---

1. *Vaquer* : s'occuper.
2. *Aller à l'autel* : se marier.
3. *Besogneux* : pauvres, miséreux.
4. *Faraud* : personne fière.
5. *Étrenner* : utiliser pour la première fois.

claquent sur les joues. La moindre trayeuse de vaches nourrit les rêves de Perrette. Nul ne saurait leur en vouloir. Toute l'année, ils ont brisé leur corps en condition de serviteurs. Dans une huitaine, ils retourneront sous le joug qu'ils auront choisi. Mais pendant la *Vieille Semaine*, ils font languir[6] leurs maîtres dans l'incertitude. Resteront-ils ou non ? Ce matin, ils sont allés à la messe. Après-midi, regardez-les qui dansent le jabadao sur la place ! Or, les entremetteurs qui font les mariages et qui recherchent aussi le personnel à gages tournent déjà autour de la jeunesse et trouvent le moyen de tirer le garçon ou la fille dans quelque coin pour lui faire entendre les louanges d'une ferme ou l'autre. Des sortes de sergents recruteurs, en somme. Ce soir, dans les auberges, on jugera les maîtres, on donnera du miel à celui-ci, on défera sa robe[7] à celle-là... Prudents, les maîtres n'ont garde d'approcher.

D'ailleurs, tout le travail leur restera sur les bras pendant la *Vieille Semaine* puisque les domestiques sont tous les jours au bourg ou à rendre visite à leur parenté. Le patron s'occupe des chevaux et des porcs. Sa femme, privée de servante, trouve assez à faire avec les vaches et le ménage. Quelquefois, le valet ou la servante n'a pas encore dit oui pour l'année qui vient. Les choses n'ont pas abouti à cause d'une veste de coton bleu ou d'une paire de sabots de bois. Ce n'est peut-être pas beaucoup, c'est assez pour briser un contrat. Aujourd'hui ou demain, un autre maître pourra faire une offre plus forte pour enlever un valet réputé grand travailleur, une servante qui sait s'y prendre à la maison et aux champs. Et la maîtresse se met en quatre pour préparer un festin par jour à ses gens quand ils sont là, le maître est toujours de bonne humeur et ne cesse d'ouvrir sa blague à tabac. Cela dure jusqu'au jour de la Saint-Sylvestre. Alors, ceux qui demeurent sur leur corde[8] annoncent qu'ils font « vieille soupe ». La semaine franche est morte. Le lendemain, on se souhaite la bonne année les uns aux autres et l'on repart pour trois cent cinquante-huit jours de peine commune qui durent chacun de l'aube à la nuit. Il n'y a pas d'heure. La montre du valet ou de la servante ne sert qu'à décorer le gilet. L'angélus suffit pour le reste.

Chapitre VI

---

6. *Languir* : attendre avec impatience.
7. *Défaire la robe* : critiquer.
8. *Demeurer sur la corde* : garder dans le même emploi.

Réfléchissons

1. Vocabulaire

Donnez le sens des expressions : « vieille soupe, occuper le haut et le bas du pavé, les gars roulent sous leur crâne des méditations de conseillers généraux ».

2. La semaine d'orgueil

Pourquoi qualifie-t-on ainsi cette période ?

3. Que représente cette semaine pour les valets et les servantes ?

4. *Le souci du détail* : montrez avec quelle précision l'auteur souligne le caractère exceptionnel de ces quelques jours (description des attitudes, des pensées, etc.).

5. Pourquoi peut-on parler de renversement de situation ?

6. De quelle façon Pierre-Jakez Hélias souligne-t-il la dureté du métier ? (Vocabulaire, expressions, etc.) Sur quel ton est prononcée la fin du passage ?

Allons plus loin

Dans l'Antiquité, à Rome, les Saturnales, célébrées en l'honneur du Dieu Saturne au moment du solstice d'hiver, tentaient d'abolir les privilèges sociaux. Ainsi les maîtres servaient leurs repas aux esclaves. Cet esprit, resté très populaire, a été repris, plus tard, par les carnavals.
On retrouve ce même renversement de situation au Moyen Age, lors de la Fête des fous, célébrée le 6 janvier : cf. *Notre-Dame de Paris* de Victor Hugo.

Imaginons

Après avoir expliqué et justifié l'expression : « la moindre trayeuse de vaches nourrit les rêves de Perrette », imaginez quels peuvent être ces rêves.

18. Le cochon

Il faut tuer un cochon comme on cueille certains fruits : avec mille précautions et une oraison[1] préalable[2]. Autrement, ils se vengent en vous offensant les yeux, le nez, la langue et la réputation pour finir. Yann ar Vinell n'est pas un boucher du tout-venant, mais un tueur de cochons breveté. La meilleure preuve en est qu'il n'aiguisera jamais ses outils pour un animal qui n'est pas connu de lui, qui ne lui a pas été présenté aussitôt après avoir été acheté à la foire de Pont-Croix. Il faut avouer que chaque présentation est honnêtement arrosée d'un bon coup d'eau-de-vie. Dès lors, le cher cochonnet est le filleul de Yann. Son parrain fait sur lui les opérations nécessaires qui lui mettent le corps en repos pour profiter de sa nourriture. Après quoi, il lui passe un fil de fer dans le nez. C'est au prix de ce fer que le cochon achète la sagesse et apprend à ne pas fouir[3] la terre autour de lui au risque de gâter son lard.

Quand la bête est sur le point de peser deux cents livres, Yann vient, de temps en temps, lui tâter le dos et le pli de la cuisse. [...]

Et c'est lui, bien sûr, qui choisit le meilleur jour pour le sacrifice du prince entripaillé. N'allez pas croire que c'est facile ! Il faut tenir compte de la saison et particulièrement de la lune. [...]

Il paraît devant la table avant que je n'aie eu le temps de sortir de mon lit clos et de hisser la seconde jambe de mon pantalon. Ma mère s'est enfuie derrière la maison pour aviver le feu sous la lessiveuse. Mon père a fait sortir le cochon de la soue[4] et préparé la table du sacrifice dans la petite cour. Le grand-père a disparu, comme il fait chaque fois qu'il faut se séparer d'un animal domestique. Il a le cœur tendre, bien qu'il aime le lard salé.

Yann a jeté sur la table une poignée de grands couteaux dont les lames luisent à la lumière de la lampe à pétrole allumée au plus bas. C'est à peine si le jour pointe à travers la fenêtre. [...]

Il s'approche de moi. Sa large main tombe sur mes cheveux pour les ébouriffer.

---

1. *Oraison* : discours, prière.
2. *Préalable* : qui a lieu avant.
3. *Fouir* : creuser.
4. *Soue* : étable à cochons.

- Est-ce que je vous garde la vessie, petit ? dit-il.

Je suis tellement ému que je n'arrive pas à sortir la moitié d'un oui. [...]

40   Le jour de gloire est arrivé.

A peine suis-je planté sur le seuil de la maison que s'élèvent, derrière moi, les hurlements indignés du cochon à l'agonie. Le grand couteau de Yann ar Vinell a fait son office dans la cour. Le bourg tout entier sait déjà qu'on s'apprête à mettre de la
45 viande fraîche au charnier[5] dans la maison d'un mortel fortuné[6] qui n'est autre que moi-même. Je lève la tête bien haut et je sors un peu mes talons de mes sabots pour paraître plus grand. Trois femmes sont déjà sur la route, en train de commenter l'événement à la cantonade[7]. [...]

50   Mais que diable peuvent donc fabriquer les enfants ! Je ne vois pas la couleur d'un seul. Je sais bien que nous sommes jeudi[8], mais est-ce une raison suffisante pour rester pourrir les draps après sept heures ! Ils sont peut-être malades de jalousie ? Peut-être ne veulent-ils pas m'apporter leur tribut de
55 respect ? Quels tristes chrétiens ! Il faudrait qu'ils se pressent s'ils veulent venir entendre, en ma présence, les derniers gémissements d'un cochon exceptionnel, le mien propre.

Ah ! Enfin ! Les voilà qui accourent de toutes parts, avec les traces de leur soupe au café sur le museau. Magnanime[9]
60 comme je suis, je pardonne et j'attends.

- C'est votre cochon, Perig ? disent-ils.
- Le mien. Et c'est une pièce de cochon, vous pouvez me croire. Yann ar Vinell a failli ne pas en venir à bout. C'est vous dire.

65 L'admiration brille dans leurs yeux. Ils ne me demandent pas de les mener derrière ma maison pour voir le chantier. Ils savent bien qu'ils se feraient disperser à coups de chapeau par Yann, après en avoir entendu tous les mauvais noms, y compris ceux de morveux et de singes verts.

70   - Si vous me donnez la vessie... bégaie le plus jeune.

Avant que j'aie eu le temps de répondre, le pauvret a déjà encaissé plusieurs bourrades et appris, une fois pour toutes, qu'on ne donne ni ne vend la vessie du cochon en dehors de

---

5. *Charnier* : lieu où l'on conserve la viande.
6. *Fortuné* : heureux.
7. *A la cantonade* : fort, à voix haute pour que tout le monde entende.
8. *Jeudi* : il n'y a pas si longtemps encore, les enfants n'allaient pas à l'école le jeudi.
9. *Magnanime* : généreux, qui pardonne aisément.

la maison sous peine de malchance. Je lui octroie un sourire indulgent.
- Allons, dis-je, il est temps que j'aille leur donner un coup de main.

Et je rentre, tout gonflé d'importance, laissant béer[10] le menu peuple devant ma porte. [...]

- Il est mort en bonne santé, ce bougre ! dit Yann ar Vinell. C'est sa plaisanterie habituelle. Moi, je me demande où est la vessie, là-dedans.

Le tueur tourne la tête vers moi. Sa moustache fume légèrement. La vessie ! N'est-ce pas cette baudruche[11] épaisse et flasque qu'il tient à la bouche ? Elle se gonfle et s'arrondit sous son souffle jusqu'à devenir un ballon un peu inquiétant. Elle tressaille faiblement, à croire qu'elle est encore vivante. Un nœud et voilà ! Yann ar Vinell plie les genoux pour me faire hommage de... cette chose. Sa bouche est ouverte jusqu'à la luette sur son rire silencieux. Il ne répand plus l'odeur de l'eau-de-vie, mais de la soupe fade.

J'hésite un moment avant de prendre la vessie. En vérité, une boule de pardon[12] ferait mieux mon affaire, une jaune de préférence. Mais quoi. Il faut que j'aille montrer le trophée aux autres. La gloire a ses exigences. D'ailleurs, si les enfants ne voient pas la vessie, ils sont capables de raconter autour d'eux que mon cochon était un triste animal puisqu'il n'avait pas ce qu'il fallait à l'intérieur. Allons ! Il faut que je la prenne dans l'enthousiasme. Et Yann :

- Tenez ! Je vous ai mis dedans trois petits pois secs. Dans un mois, si vous n'êtes pas gaucher des deux mains, vous pourrez jouer dessus le *Vieux pays de mes pères* aussi bien que sur le biniou. [...]

Le cochon est coupé en morceaux. C'est là que Yann fait la preuve qu'il est champion dans son métier. Son couteau détache des portions dont il est évident qu'elles ne sauraient être plus grandes ni plus petites qu'elles sont. Des portions si achevées qu'elles mériteraient d'exister pour elles-mêmes, indépendamment de tout cochon. Les plus belles, entièrement frottées de sel, sont posées au fond du charnier pour former

---

10. *Béer* : avoir la bouche ouverte, rêver.
11. *Baudruche* : ballon.
12. *Boule de pardon* : « grosse boule brillante, rouge, jaune, bleue ou verte, à pendre aux solives » (p. 183) (vendue sur les lieux des pardons, dans les boutiques d'objets de piété).

un rond parfait, la couenne contre la terre cuite. Jamais, sa vie durant, le pauvre animal n'a reçu autant d'égards. Les pavés de sa chair s'ordonnent pour composer des mosaïques dont chacune est le fondement de la suivante. Il est recréé dans sa tombe pour durer un an dans le meilleur état possible, noyé dans le sel, débarrassé de ses bas morceaux et de ses délicatesses naturelles qui passeront tout à l'heure en andouille ou pâté. [...]

Ainsi commence la fête du cochon. Le lendemain, ma mère porte le pâté à cuire dans le four du boulanger. Elle a mis de côté les meilleurs morceaux de viande douce, les « freskadennou ». Une part en sera distribuée aux proches voisins pour qu'ils puissent connaître le goût de l'animal. De l'autre côté, quand il leur arrivera de tuer le cochon chez eux, ils ne manqueront pas de nous en offrir un morceau exactement équivalent de celui qu'ils auront reçu de nous. Ils ne se trompent jamais, ni nous non plus. C'est au point que j'ai cru possible, quand j'étais plus petit, voyant telle ou telle femme nous apporter une tranche de son cochon, qu'elle nous rendait notre propre offrande restée aussi fraîche, après un mois ou deux, que le jour où elle avait été prélevée par le couteau précis de Yann ar Vinell. La grandeur des morceaux est à la mesure de la chaleur de l'amitié. C'est pourquoi ma mère enveloppe chacun d'eux dans un torchon blanc et dissimule le paquet sous son tablier avant de traverser la route et de faire les dix ou cinquante pas pour le porter à la destinataire. Celle-ci ne montre le cadeau à personne, si elle est femme de bonne civilité, et elle ne cherchera pas à voir la part des autres. C'est la sagesse même, cette sagesse qui préserve la bonne entente et qui vous permet de manger de la viande douce plusieurs fois par an, alors que votre ordinaire est fait de lard salé.

Mais la plus grande part des « freskadennou » sera rôtie pour la fête d'après-demain. Nous avons invité les parents proches et les amis que nous fréquentons habituellement. Ils viendront tous, si quelqu'un d'entre eux n'est pas occupé à attendre la mort sur son lit. Il n'y a pas d'autre excuse. [...]

Moi, j'emmènerai les enfants derrière la maison et là, assez perplexe devant la vessie du cochon, je leur demanderai comment diable il faut s'y prendre pour jouer le *Vieux pays de mes pères* sur un pareil instrument.

Ainsi se déroule la « fête du cochon » et c'est un des

événements les plus marquants de l'année pour ceux qui peuvent se l'offrir. Car certains n'ont pas de cochon du tout ni
155 le plus petit moyen d'en avoir. D'autres doivent vendre tous ceux qu'ils nourrissent sans jamais pouvoir en mettre un seul au charnier, sinon tous les sept ans, quand la chance veut qu'ils aient assez d'écus pour parer aux nécessités les plus urgentes. Il y a des familles, enfin, qui se partagent un cochon
160 annuel entre deux, chacune étant trop serrée dans ses dépenses pour sacrifier un animal entier. De cette largesse, néanmoins, qui les élève au-dessus du commun des misérables, ils ne manquent pas de tirer gloire afin que nul n'en ignore. On les entend curieusement proclamer d'avance : « Nous allons
165 tuer la moitié d'un cochon. »

Qui a du lard dans son charnier toute l'année passe pour quelqu'un de bien établi dans ses affaires, si modestes soient-elles.

Chapitre VII

Réfléchissons

1. Quelles sont les différentes étapes du sacrifice du cochon ? Quelle en est l'apothéose ?

2. Montrez qu'il s'agit, tout au long du texte, d'une véritable cérémonie.

3. Yann ar Vinell est un « tueur de cochons breveté » qu'on peut même qualifier d'artiste. Relevez tous les détails qui soulignent chez lui l'amour du travail bien fait.

4. Le cochon est un objet de respect pour tous. Comment expliquez-vous cette attitude ?
De quels termes est-il désigné, à certains endroits du texte ? Qu'en concluez-vous ?

5. L'enfant et le cochon

Quels sont les divers sentiments éprouvés par l'enfant lors de « ce sacrifice » ? Comment sa fierté se manifeste-t-elle ? Est-il vraiment très heureux de recevoir la vessie ?

6. Sur quel ton présente-t-il ses diverses émotions et la mort du malheureux cochon ? Par instants, il semble se moquer gentiment de lui-même et des autres. De quelle façon ?

Allons plus loin

1. *Les rapports enfants-animaux* : lisez le roman de Robert Newton Peck : *Vie et mort d'un cochon* (Livre de poche Jeunesse) et celui de M. K. Raulings : *Jody le faon* (Albin Michel)..

2. Comparez les rapports qu'ont avec les animaux les citadins d'une part et les paysans d'autre part. Qu'en pensez-vous ?

Imaginons

1. Les animaux occupent-ils une place importante dans votre vie ? Racontez.

2. Qu'y a-t-il de commun entre les hommes et les animaux ? Avons-nous besoin d'eux ? Ont-ils besoin de nous ?

19. Les crêpes

« Dans notre société, la nourriture est l'une des affaires les plus importantes qui soient. »

Quand ma mère refuse de faire des crêpes tel ou tel jour, c'est parce qu'elle n'est pas en train, trop fatiguée. Ou bien le vent est trop fort dans la cheminée, donc le feu ne chauffe pas également, ce qui fait que la crêpe est brûlée d'un côté et mollasse de l'autre. Or, l'honneur de la ménagère, ce n'est pas de réussir un ragoût ou un rôti, mais bien de faire des crêpes sans défaut. Plusieurs proverbes en font foi, que l'on pourrait traduire comme ceci :

> *Bon homme sent l'odeur du vent*
> *Sa femme fleure la crêpe au beurre.*

Et comme ceci pour témoigner que l'on peut passer pas mal de défauts à la femme si elle connaît à fond l'art de la crêpe :

> *Que fille soit sotte et mégère*
> *Si elle brille à sa crêpière.*

Et comme ceci encore, hommage suprême à l'habileté de l'épouse :

> *Femme qu'on dit bonne crêpière*
> *Mène mari à sa manière.*

Quant aux crêpes sans défaut, pour notre goût à nous, elles doivent être grillées et craquantes (*kraz*) sur les bords, légèrement plus molles au milieu, le *nid* où l'on dépose d'abord la noix de beurre avant de l'étendre sur le reste. D'autre part, il est de tradition que la crêpe de blé noir soit pliée en deux par la *spanell*[1], celle de froment pliée en quatre. Mais seulement quand elles sont beurrées. Or, elles ne le sont pas souvent pour deux raisons : d'abord parce que le beurre est trop cher, ensuite parce que les vrais gourmets préfèrent la crêpe sèche

---

1. *La spanell* : longue raclette de bois.

dont le goût n'est pas dénaturé par le gras. En foi de quoi, la plupart des crêpes sont jetées d'une pièce sur la toile sans être beurrées ni pliées. Chacun les prend à la main, une par une, les plie à sa convenance et les mange sans les tremper. Et puis, à la fin du repas, on entend la voix de la crêpière s'adressant à l'un ou à l'autre : vous avez assez mangé ? Quand la réponse est oui, elle déclare : alors, je vais vous en beurrer une dernière. Ce qu'elle fait. Une sorte de dessert, en somme.

Pour le repas de crêpes, qui se fait une fois par semaine et souvent le vendredi, nous avons chacun une assiette qui ne sert d'ailleurs que pour les crêpes beurrées. Mais la présence de l'assiette montre bien qu'il s'agit d'un déjeuner de gala. D'ailleurs, on n'inviterait pas quelqu'un à venir manger des galettes, mais on le convie volontiers à déguster des crêpes quand on est sûr des talents de la ménagère. Beaucoup d'hommes tiennent à préparer soigneusement à leur femme le petit bois qui doit chauffer la tuile (*pillig*). Certains confectionnent même des fagots qui ne serviront qu'à cela. Il faut croire que c'est important parce que Alain Le Goff, quand je reviens avec lui des champs, sait reconnaître, à la seule fumée qui sort des cheminées, si l'on fait des crêpes ou autre chose de plus « grossier ». Comment fait-il ? Je l'ignore. Mais quand il s'agit de crêpes, le moindre détail compte. Il faut voir avec quel soin les femmes choisissent leur *rozell*[2] et leur *spanell* à l'étal[3] du boisselier[4] ; comment elles en évaluent le poids et l'épaisseur, en éprouvent le fil. Il est rare, d'ailleurs, qu'elles ne modifient pas, peu ou prou, ces instruments afin de mieux les mettre à leur main. Et les autres membres de la famille sont priés fermement de ne pas y toucher.

C'est une pénible entreprise quand il faut remplir les panses d'une dizaine de personnes qui viennent de s'échiner aux champs et qui sont douées d'un solide appétit. Surtout que la crêpière elle-même s'est déjà échinée avec eux. Nous ne sommes que quatre ou cinq, mais je vois ma mère rester une bonne heure au-dessus de la tuile à crêpes, le visage rouge et brillant, le dos courbé pour faire passer sa coiffe sous le manteau de la cheminée, les genoux sciés par la pierre du foyer qui n'est pas à bonne hauteur. Aussi vaut-il mieux ne pas

---

2. *Le rozell* : petit râteau de bois.
3. *Étal* : table où sont exposées les marchandises.
4. *Boisselier* : ouvrier qui fabrique des ustensiles en bois.

tourner autour d'elle. Seule, ma sœur a le droit de rester debout du côté de la bassine parce qu'il faut que les filles apprennent, n'est-ce pas, et de bonne heure. Les hommes ne soufflent mot, sinon pour faire des compliments. Mais quelquefois, la crêpière doit se débattre avec son feu, sa pâte. Les crêpes ne se font pas bien. La pauvre femme est hargneuse. Et les hommes disent, quand ils se retrouvent entre eux :

- La patronne avait du mal aujourd'hui. Sa chemise lui collait aux reins.

Une de nos voisines a cassé deux fois sa *spanell* sur l'échine[5] de son mari qui n'avait pourtant fait que respirer trop fort quand elle était en difficulté. Et toutes les autres femmes lui ont donné raison. A l'inverse, quelle satisfaction pour la crêpière quand tout marche à souhait, quand les mangeurs demandent grâce en lâchant un rot sonore, ce qui est la meilleure façon de témoigner que l'on est repu. Alors, elle lève le dos, radieuse, pour déclarer en s'essuyant le nez :

- Je vous ai bien remplis, tout de même.

Et les autres, en chœur :

- Jusqu'au nœud de la gorge, Marie-Jeanne.

Avant de manger elle-même, ma mère fait encore deux douzaines de crêpes sèches. Quand elles seront froides, pliées en carré, elles seront empilées sur une assiette. Nous les mangerons avec le café de quatre heures ou à n'importe quelle heure du jour avec du beurre cru. A moins qu'elles ne soient coupées en lanières minces et passées à la poêle. Quel régal ! Les vieilles femmes qui n'ont plus de dents les mettent à tremper dans du lait. Mon grand-père se rappelle que, dans sa jeunesse, de riches fermières organisaient de « grandes journées de crêpes ». Toutes les servantes s'y mettaient, dehors et dedans. Des douzaines et des douzaines de crêpes étaient mises à sécher sur des cordes tendues dans les greniers. Quand on savait s'y prendre, elles se conservaient pendant longtemps, constituant une réserve pour les jours où manquerait le temps de cuisiner. Et les gens disaient avec respect :

- Dans cette maison-là, il y a toujours des crêpes sous le toit.

Le repas de crêpes se suffit à lui seul. Ce serait faire injure à la crêpière que de demander autre chose.

Chapitre VII

---

5. *Échine* : dos.

LE CHEVAL D'ORGUEIL

Réfléchissons

La crêpière

1. Quelles conditions doivent être réunies pour que la ménagère accepte de faire les crêpes ?

2. Quel est le point commun des proverbes cités par Pierre-Jakez Hélias ? Quelle est leur signification ?

La crêpe

1. Quelles sont les qualités d'une bonne crêpe ?

2. « Plat unique et multiple » : justifiez cette affirmation.

3. « La présence de l'assiette montre bien qu'il s'agit d'un déjeuner de gala » : quelles réflexions vous inspire cette phrase ? Pourquoi, à propos de ce texte aussi, peut-on parler de cérémonie ?

4. Quelle attitude adoptent les hommes le jour des crêpes ? Expliquez-la.

Allons plus loin

1. A quelle occasion est-il de tradition de manger des crêpes ? Recherchez les origines de cette coutume.

2. Autres régions, autres plats traditionnels : citez-en quelques-uns en donnant leur recette avec précision.

Imaginons

1. Vous connaissez Gaston la Gaffe et ses recettes bizarres à base de harengs à la sauce chocolat.
A vous d'en imaginer une aussi « abracadabrante ».

2. Votre mère prépare un dîner important. Racontez, sur un ton humoristique, les préparatifs et l'ambiance qui règne, dans et hors de la cuisine.

20. Le café

Mais la splendeur quotidienne est le café pour les femmes qui peuvent se l'offrir. Et elles sont prêtes à tous les sacrifices pour avoir de quoi. Les larmes viennent aux yeux de celles qui voient passer la petite voiture du Planteur de Caïffa quand leur bourse ne loge que la peau des fesses du diable. C'est cher, le café. Les hommes n'y attachent pas encore d'importance. Ils préfèrent la soupe le matin et le lard à quatre heures. Et puis, cette tentation du Malin, cette perdition des ménages, cette drogue des femmes ne leur dit rien qui vaille. Il y en a un qui est rentré chez lui un jour, à l'improviste[1], au milieu de l'après-midi, sans même crier gare, et qui a surpris une demi-douzaine de commères rassemblées par sa femme autour d'une cafetière neuve dont il ne connaissait pas l'existence. Les matrones déchiraient à qui mieux mieux la robe d'innocence de leurs prochaines. Le sang lui est monté à la tête. Il a empoigné la cafetière, l'a vidée par la fenêtre. Et puis, déboutonnant son pantalon à pont, il a pissé dedans. Peine perdue. La femme a eu le dernier mot.

Aux enfants déjà on donne du café le matin plus souvent que de la soupe. Et tout porte à croire que le café gagnera les futurs hommes, rendus complices de leurs mères. Pour moi, la meilleure odeur du monde est celle de l'épicerie de l'oncle Daniel Keravec quand il grille son café. J'entre chez lui pour le plaisir d'en prendre une bonne prise[2] sous prétexte de demander si ma mère n'est pas là, alors que je la sais aux champs. Et pendant que je hume le parfum du café frais qui vient de la cour derrière, je regarde les bocaux aux étiquettes sans couleur qu'on n'ouvre presque jamais. Leur contenu est trop cher pour tout le monde ou presque. Pour l'épicier lui-même. Quand il laissera sa boutique, on les ouvrira. On y trouvera des blocs noirâtres, des poussières, des cristaux. Personne ne pourra dire ce que c'était. Mais les bocaux de café sont toujours propres et luisants, n'arrêtent pas de se vider et de se remplir. Et quand l'oncle Daniel tourne son grilloir dans sa cour, ses yeux bordés de rouge levés au ciel derrière ses grosses lunettes, tout le bourg est embaumé, toutes les femmes soupirent d'aise.

---

1. *A l'improviste* : sans prévenir, par surprise. 2. *Une bonne prise* : une bouffée.

A quatre heures de l'après-midi, dans toutes les maisons honorables, c'est le café-pain-beurre. Le thé des Saxons. Toutes affaires cessantes en dehors des moissons. Du café à pleins bols, les tasses ne valent pas mieux que des dés à coudre. Naïg an D... a gardé un souvenir affreux d'un misérable café en tasse qu'elle a dû prendre chez un bourgeois de Quimper avec la bourgeoisie. Quand on a l'habitude de prendre son bol à deux mains, comment doit-on faire pour attraper une anse ridicule avec un doigt ou deux ? Elle mourait de peur à l'idée qu'elle pourrait casser le bibelot. Si elle s'en est tirée, c'est bien parce que la cérémonie du café vous fait un devoir de n'offenser personne. On invite au café non seulement ses voisins, ses amis, les gens de sa *coterie*[3], mais tous ceux que l'on veut honorer et particulièrement ceux à qui l'on doit quelque chose. Et plus particulièrement encore ceux qui vous ont offert le café. Impérativement, il faut le rendre. Une femme ne peut pas mourir avec des dettes de café si sa fille ne lui a pas promis de s'en acquitter en son nom.

Chapitre VII

Réfléchissons

1. Expliquez les expressions : « thé des Saxons », « café en tasse ».

2. Qui boit plus particulièrement du café ? Pourquoi ? De quoi est-ce l'occasion ?

3. Quelle attitude adoptent envers le café d'une part les femmes et d'autre part les hommes ? Comment expliquez-vous cette différence d'attitude ?

4. Quel rôle vont jouer les enfants dans la propagation du café ? L'auteur a-t-il raison ? Comment se manifeste son goût pour le café ?

5. Relevez ce qui prête à rire et à sourire dans ce passage.

Allons plus loin

L'introduction du café en France.

Imaginons

Un buveur de café et un buveur de thé défendent chacun leur boisson favorite. Racontez la scène et donnez leurs arguments.

---

3. *Coterie* : clan.

21. Le lit clos

Les armoires ont beau parader contre le mur du fond, c'est quand même le lit clos qui est la pièce maîtresse du mobilier. À lui seul, c'est un petit appartement privé. Quand le dormeur est entré dedans, quand il a refermé les deux portes à glissières, il est chez lui. Je connais une ferme dont la salle commune aligne trois de ces lits clos. Le premier est celui du maître et de la maîtresse, dans le second couchent la fille et la servante, le troisième héberge tant bien que mal trois garçons en attendant que le plus âgé aille rejoindre à l'écurie les deux valets et le frère aîné. Hommes et femmes, maîtres et domestiques peuvent ainsi cohabiter dans la même pièce avec le minimum de promiscuité[1], ce qui n'est pas possible avec des lits ouverts. Pour entrer dans le lit clos, sur les genoux et la tête en avant, on garde la robe ou le pantalon. Les portes fermées, on achève de se déshabiller à l'intérieur et, quand c'est fait, le pantalon ou la robe sont pliés à cheval sur la corniche du lit. Les chemises de nuit sont inconnues. On dort sur un sommier de genêts, des paillasses de balle d'avoine. La caisse n'est pas assez longue pour qu'un adulte puisse s'y étendre complètement, si bien qu'il repose entre assis et couché, dans des draps de chanvre, sous un édredon bourré de la même balle que les paillasses et les oreillers. Mais on parle déjà d'édredons de plumes. On attendra pourtant un peu avant de se risquer à un tel changement. Cette plume si légère tient-elle aussi chaud que la balle ? Chaude ou froide, la plume vaincra puisque les grosses têtes l'ont adoptée.

Pour moi, qui partage le lit clos de mon grand-père, je trouve que rien ne vaudra jamais cette armoire à sommeil. On s'y sent protégé, ce qui n'est pas le cas dans les lits ouverts comme ceux des lycées où je me sentirai longtemps exposé tout nu aux sept périls de la terre. Au point que j'en deviendrai somnambule pendant mon année de sixième. Et il est bien vrai que les lits clos ont été pendant longtemps des forteresses contre toutes les entreprises qui menaçaient les enfants. C'étaient autrefois les loups, ce sont aujourd'hui encore les cochons qui peuvent dévorer une petite jambe, cela s'est vu,

---

1. *Promiscuité* : voisinage désagréable.

LE CHEVAL D'ORGUEIL

1648. EN BRETAGNE
Le double Lit Clos

Carte postale du début du XXᵉ siècle.
Le lis clos est "un petit appartement privé".

ou les poules qui risquent de gober un œil de bébé pendant que les parents sont aux champs. Car il y a bien des endroits où la basse-cour et la crèche s'égarent encore dans la maison. C'est pourquoi certains lits peuvent se fermer de l'intérieur à l'aide d'un solide crochet. Quand il est mis, l'occupant est en état de soutenir un siège.

L'inconvénient du lit clos, c'est qu'il n'est pas facile d'y mettre de l'ordre, étant donné qu'on ne peut pas tourner autour de lui, qu'il soit aligné entre d'autres meubles ou qu'il occupe un coin. Mais justement, l'honneur de la ménagère est de le présenter à la parade[2] pendant la journée et les portes ouvertes. Si les panneaux sont fermés, on peut supposer que le lit n'est pas fait, ce qui occasionne un sérieux accroc à la réputation de Corentine ou Marie-Louise. Elle prend donc le temps, dès qu'il est vide, de le refaire soigneusement à l'aide d'un *bâton de lit* dont elle se sert habilement pour battre et lisser draps et couvertures jusqu'au fond. Elle recouvre le tout d'une couverture au crochet sortie de ses mains et disposée de telle sorte sur l'amoncellement des paillasses qu'elle occupe plus de la moitié de l'ouverture des panneaux. Ainsi l'encadrement du bois met-il en valeur le lit proprement dit comme il ferait d'un tableau. C'est pourquoi il faut que le lit soit bien tenu.

La façade du lit clos, dit-on, est l'image même du destin de l'homme. La partie centrale, entre les glissières des portes, représente le Bas-Monde (*ar bed-man*), celui où les hommes peinent, le lit absorbant leur fatigue, et assurent leur descendance derrière les trois lettres IHS[3] et le Sacré-Cœur sculptés dans les portes. En dessous, la partie cachée par le banc est appelé l'Enfer (*an Ivern*) à cause de l'obscurité qui y règne entre les quatre pieds de bois à peine équarri[4], sans le moindre ornement. Au-dessus, la corniche à colonnettes prend le nom de Paradis (*ar Baradoz*) avec Sainte Anne ou la Vierge en faïence de Quimper érigée[5] sous une arcade entre deux fuseaux. Le Paradis et le Bas-Monde sont abondamment cloutés de cuivre et régulièrement astiqués comme il faut, ai-je besoin de le dire ! Le soir, quand la pièce est éclairée seulement par le feu du foyer, les clous des armoires, du banc à dossier et

---

2. *Présenter à la parade* : exhiber.
3. *I.H.S.* : Iesus hominum salvator (Jésus, sauveur des hommes).
4. *Équarri* : taillé, dégrossi.
5. *Érigée* : placée, dressée.

75 du lit clos scintillent dans l'obscurité comme autant d'étoiles. Le jour, c'est surtout le bois de châtaignier qui resplendit. Quand ma mère empoigne ses chiffons pour faire briller ses meubles, Alain Le Goff dit quelquefois en souriant :
- Voilà Marie-Jeanne qui nettoie la sacristie.
80 Il a raison. Nous vivons dans une sorte de sacristie ou de chapelle privée, non seulement à cause des monogrammes[6] du Christ, des croix, des cœurs et des ostensoirs[7] ciselés dans le bois rougeâtre, mais parce qu'il est évident que nos menuisiers ont appris à dresser des sièges, des portes et des frontons[8] en
85 prenant la leçon du mobilier d'église.

Chapitre VII

Réfléchissons

1. Quelles sont les différentes parties du texte ?

2. « A lui seul, c'est un petit appartement privé. » Justifiez cette phrase. Relevez d'autres expressions aussi imagées. Qu'apportent-elles au récit ?

3. Quels sont les avantages et les inconvénients du lit clos ?

4. Que pense le petit garçon du lit clos ? Comment plus tard en ressentira-t-il le manque ?

5. Les Bigoudens aiment-ils le changement ? Justifiez votre réponse.

6. Pourquoi peut-on parler d'œuvre d'art à propos du lit clos ? A quel vocabulaire appartiennent les verbes tels que : « éclairer, scintiller, resplendir » ?
Quel but recherche l'auteur en utilisant ces mots ?

7. Justifiez la comparaison avec une sacristie.

Imaginons

Pierre-Jakez Hélias fait une description minutieuse du lit clos et nous livre ses sentiments envers ce lit.
Vous-même avez été un jour plus particulièrement frappé par un meuble. Décrivez-le aussi précisément que possible et expliquez pourquoi il vous intéresse.

---

6. *Monogrammes* : initiales.
7. *Ostensoir* : pièce d'orfèvrerie destinée à recevoir l'hostie consacrée.
8. *Fronton* : partie supérieure du mur.

22. Le tourisme

« Le premier de ces touristes, je l'ai vu il y a longtemps... » « Un touriste », dit le maître, comme il aurait dit « un veau à cinq pattes ».

Nous n'avons pas encore beaucoup de touristes. Avant l'année 1936[1], rares sont les étrangers qui viennent passer huit ou quinze jours dans le pays quand ils trouvent une chambre à louer. On ne sait pas encore très bien ce que c'est qu'un hôtel pour l'été. A peine avons-nous ce qu'il faut pour les voyageurs de commerce. En vérité, ceux que nous appelons touristes sont pour la plupart des enfants du pays employés dans les villes et qui viennent assez régulièrement respirer l'air natal, ne se privant pas de jouer un peu les farauds, sans morgue[2] ni mépris d'ailleurs, se sachant de condition modeste et devant s'aligner sur le rang de leur famille. Mais enfin, ils sont habillés tous les jours en bourgeois, ils arborent les derniers articles des grands magasins de Paris, ils ont tendance à s'exprimer en français pour un oui ou un non alors que la langue quotidienne demeure le breton pour tout le monde ou presque. Quant à nous, étudiants, nos camarades du pays, quand nous allons les visiter à leur travail, nous accueillent quelquefois d'un ironique : voilà les touristes ! Il n'y a pas de mot breton pour signifier *vacances* dès l'instant qu'il ne s'agit plus d'écoliers. Quand on veut être poli et courtois, on dit : vous êtes venu à la maison ? Voir la famille ? Et l'on fait semblant de ne pas s'apercevoir que vous restez plus de deux ou trois jours. Les *permissions* des militaires ou des marins, c'est autre chose. On y est habitué depuis longtemps.

Les touristes vrais ou faux, les vrais étant uniformément appelés les « Parisiens », ont deux manies qui ne laissent pas de leur attirer des quolibets[3]. D'abord, ils aiment se promener avec des boîtes « à tirer les portraits » qu'on appelle des kodaks. Ils sont les *kodakerien*. Ils veulent toujours vous prendre la figure quand vous êtes en train de travailler dans vos mauvais habits, ce qui n'est pas une chose à faire. Quand

---

1. *Avant l'année 1936* : c'est en 1936 que les congés payés ont été institués.
2. *Morgue* : insolence, arrogance.
3. *Quolibets* : plaisanteries, railleries.

on veut avoir son portrait, on s'habille de son mieux (on se met
« sur ses sept meilleurs ») et l'on va chez le photographe. Ou
alors il y a les mariages et c'est bien suffisant. On n'est jamais
35 à l'aise devant cette boîte qui fait clic, sept cents tonnerres ! Et
que va devenir votre image après ? Passe encore quand ce sont
vos enfants qui vous prennent, mais ce sera bientôt n'importe
qui. On n'est plus maître de sa figure, putain du diable !

Ensuite, les touristes ne peuvent pas durer[4] trois jours dans
40 le bourg sans aller se tremper dans la mer à Penhors. Ils ne se
trempent pas seulement les pieds mais tout le reste, même
quand ils ne savent pas nager. Ont-ils donc le cul si sale ? A
ce compte, ils finiront le plus n'avoir d'odeur du tout. Et les
femmes c'est pareil. Une honte. Avec seulement un maillot
45 noir. Bientôt elles mettront tout à l'air. Et voilà les étudiants
du pays, les marins en permission qui font la même chose !
Nos mères ne sont pas contentes du tout quand elles nous
voient filer vers la côte le dimanche et même sur la semaine.
Elles ont toutes peur de la mer et le fait est qu'elle n'est pas
50 commode avec ses rouleaux énormes et ses mauvais courants.
Et puis, la mer c'est l'affaire des pêcheurs qui doivent l'affron-
ter pour gagner leur vie, les pauvres diables. Et puis encore
s'amuser à se mettre nus, à s'étendre sur le sable ou les galets
pendant des heures alors que les autres travaillent, ce n'est pas
55 bien du tout. Voulez-vous faire montrer vos parents du doigt ?

Les pêcheurs de Penhors, habillés de toile bleue rapiécée, la
visière sur les yeux, les mains dans les poches quand ils sont
à terre, regardent tout ce nouveau remue-ménage avec un air
impénétrable. Mais comme ils sont aussi paysans pour la
60 plupart, ils ont leurs moissons à faire pendant les semaines où
la grève[5] qui s'étend interminablement vers le sud, presque
jusqu'au phare d'Eckmühl, commence à se peupler d'êtres
humains occupés à on ne sait quoi. Le boulanger-débitant
Henri Bourdon ne quitte plus guère son comptoir pendant
65 l'été. Et un autre débit à casse-croûte a surgi tout près de la
cale[6], une étonnante maison à toit plat qui permet aux touristes d'admirer le panorama. Nous y allons jouer aux quilles
avec de gros galets ronds. Dans certaines maisons de pêcheurs

---

4. *Durer* : rester.
5. *Grève* : plage.

6. *Cale* : partie en pente d'un quai.

on arrange une chambre à louer pour les nouveaux clients de la côte.

Peu à peu, par les dimanches d'été, on voit des familles de paysans venir s'asseoir devant la mer, d'abord sur l'herbe de la falaise, pour regarder s'ébattre sous eux ces vacanciers dénudés dans leurs maillots à bretelles. Ils finissent par descendre sur la grève à leur tour, timidement, d'abord pour se laver les pieds durcis, les hommes d'abord, les femmes derrière. Et leurs enfants, à force, leur arrachent de quoi s'acheter des maillots qui serviront à leurs pères si ça se trouve, une fois ou deux, pour voir. Les femmes admirent ou s'inquiètent, mais ne suivent pas.

Et un jour, écoutez-moi, alors que nous sommes deux ou trois jeunes gars en train de sécher notre peau sur les galets, une jeune fille en coiffe bigoudène, toute en velours noir brodé de perles de verre, arrive près de la cale dans une automobile. Elle en sort, inspecte autour d'elle, regarde un moment la mer exceptionnellement calme, remonte dans son carrosse. Quand elle en ressort, un moment après, nous restons frappés de stupeur. Elle porte un maillot noir, mais elle a gardé sa coiffe sur la tête. Comment faire autrement ! Elle court jusqu'à la mer, y entre carrément et se met à nager aussi bien que si elle était Marie-Morgane[7] elle-même. Elle nage sur le dos, à demi assise. Et c'est un spectacle étonnant que de voir la coiffe de la fille cingler légèrement sur la houle brillante. A n'en pas croire ses yeux.

Je ne sais pas pourquoi, mais c'est ce jour-là que se lève pour moi, devant la baie d'Audierne, à l'endroit appelé Penhors, l'aube des temps nouveaux.

Chapitre VIII
Pierre-Jakez Hélias, *Le Cheval d'Orgueil*, Plon, coll. Terre Humaine, 1975.

---

7. *Marie-Morgane* : quand la ville d'Ys fut engloutie dans les flots, la mauvaise fille du roi, Ahes-Dahut, fut transformée en sirène sous le nom de Marie-Morgane ; depuis ce jour, elle hante la mer, fantôme aux cheveux de cuivre (lire la légende dans *L'Esprit du Rivage*, Légendes de la mer, par P.-J. Hélias, éd. Folio Junior).

Réfléchissons

1. Faites le plan du passage. En quoi consiste la progression ?

2. Signification
a) Quel sens donnent P.-J. Hélias et ses concitoyens aux noms « étranger » et « touriste » ? Est-ce le même aujourd'hui ?
b) Expliquez la phrase : « Il n'y a pas de mot breton pour signifier *vacances* dès l'instant qu'il ne s'agit plus d'écoliers. »

3. Quelle attitude adoptent les villageois envers ceux qui restent « plus de deux ou trois jours » ? Pourquoi ?

4. De quelle façon sont accueillis les véritables touristes ? Quel surnom leur attribuent les Bretons ? Quelle signification prend-il ?

5. L'appareil photo
Comment est-il décrit ? Que représente une photo pour le paysan ou pêcheur bigouden ? et pour le touriste ?
A partir de ces deux attitudes, montrez leur différence de mentalité.

6. La mer
a) *Se baigner* : ce verbe a-t-il la même signification pour le Breton et pour le touriste ? A quelle occasion les gens du pays se trempent-ils dans la mer ?
b) Quel est le comble de la honte ?

7. Et pourtant les mentalités évoluent : comment ce phénomène se marque-t-il ? Quel est son point culminant ?
- Le tourisme propice au développement du commerce. Pourquoi ?

8. Un texte amusant
a) Relevez les passages teintés d'humour, d'ironie même.
b) P.-J. Hélias retranscrit les pensées des Bretons. De quelle façon ? Et lui, que ressent-il ?

9. *Hier et aujourd'hui* : voyez-vous des traits communs entre l'attitude adoptée en 1936 envers les touristes et l'accueil que leur réservent aujourd'hui les mêmes « autochtones » ?

Allons plus loin

1. « Je ne sais pas pourquoi, mais c'est ce jour-là que se lève pour moi, devant la baie d'Audierne, à l'endroit appelé Penhors, l'aube des temps nouveaux. »
Après avoir expliqué cette phrase, essayez d'analyser ce qu'a ressenti l'auteur.

2. La mode et les maillots de bain
Recherchez à travers les magazines des photos retraçant l'évolution du maillot de bain de 1900 à 1984.
La phrase : « Bientôt elles mettront tout à l'air » se trouve-t-elle justifiée ?

3. 1936 est une date importante pour l'histoire sociale de la France. Quels grands changements ont eu lieu à cette époque ?

Décrivons

1. La ville ou le village où vous passez vos vacances. Décrivez l'invasion des touristes et l'attitude des habitants sur un ton humoristique.

2. Une plage en février et en août.

Questions d'ensemble sur « Le Cheval d'Orgueil »

1. Après la lecture de ces quelques extraits, quels grands thèmes apparaissent clairement tout au long du récit ?

2. Retracez à partir des indications données par l'auteur la vie d'un village en pays bigouden au début du siècle.

3. Les rapports familiaux et sociaux semblent obéir à un code précis. Lequel ?

4. Le rôle de la religion dans la vie des paysans bigoudens. Relevez les passages qui y font allusion et regroupez-les par thèmes.

5. Importance de la tradition et de la coutume.

6. Que ressent l'auteur tout au long de son récit ?
Comment le traduit-il par l'écriture (expressions — termes — structure des phrases, etc.) ?

SECONDE PARTIE

TRADITIONS ET COUTUMES

JACQUES LACARRIÈRE

L'hospitalité crétoise

Jacques Lacarrière (né en 1925) consacre sa vie aux voyages et à l'écriture. L'Été grec *décrit ses pérégrinations à travers la Grèce et ses îles.*

A chaque tournant, une émotion, une découverte, une tradition millénaire l'attendent dans ce pays où l'hospitalité est reine.

Ce village fut le premier où je connus l'hospitalité grecque. Je venais de traverser la Messara[1], couverte d'orangers et j'avançais entre les premières maisons quand j'entendis une voix d'homme m'interpeller du haut d'une terrasse. Il avait de
5 longues moustaches, des yeux clairs, un turban noir autour du crâne, une mine plutôt farouche[2], bref un air si impressionnant que lorsqu'il me fit signe de monter jusqu'à lui, d'un geste autoritaire, je me demandais ce qu'il allait me faire exactement. Ce qu'il me fit, ce fut très simple : à peine arrivé à sa
10 hauteur, il se jeta sur moi, me serra contre lui en riant, me donna de grands coups sur les épaules sans me laisser le temps de déposer mon sac à dos, me fit asseoir sur un banc, se mit à houspiller[3] deux femmes qui ne comprenaient rien à ce qui arrivait, cria quelque chose vers une terrasse voisine, et se mit
15 à rire en faisant de la main ce même geste que j'avais vu faire au moine des Météores[4], doigts ramenés vers le haut en s'écriant : *oraio*[5] ! *oraio* ! Bref, il m'offrait l'hospitalité à la crétoise ! Les femmes s'empressèrent, voilées de noir, pieds nus, l'une jeune et plantureuse[6], l'autre ridée, le visage dévoré
20 par des yeux noirs et très brillants. Elles apportèrent des verres, deux cruches, du fromage et avant même que j'aie le temps de souffler, j'avalais déjà un verre de marc[7], de *tsipouro* comme on dit ici, accompagné de mizithra, ce fromage sec et poreux que l'on fait en Crète avec du lait de chèvre et dont je
25 retrouverai le goût d'un bout à l'autre du pays. Tout était nouveau pour moi, en cet instant : cet accueil imprévu, le

---

1. *La Messara* : région de la Crète.
2. *Farouche* : sauvage, violent.
3. *Houspiller* : quereller, disputer.
4. *Météores* : région montagneuse du nord de la Grèce. On y trouve des monastères perchés sur des éperons rocheux.
5. *Oraio* : mot grec signifiant « c'est beau ».
6. *Plantureuse* : bien en chair.
7. *Marc* : eau-de-vie faite avec le « marc » du raisin pressé.

Nous avons bu et bavardé longtemps, jusqu'à la nuit tombante.

branle-bas des femmes, la bousculade des enfants criant sur la terrasse voisine pour mieux voir l'étranger, ce goût rêche du tsipouro, cette saveur sèche du fromage — que l'homme
30 entailla d'un air appliqué après avoir essuyé son couteau sur les pierres — fromage typique des montagnes, inattendu en ce village si proche de la mer (il apportait avec lui une odeur de versants secs, de toisons de chèvres chauffées par le soleil, de lait suri[8], tout un monde terrien et embrasé comme celui de la
35 Sardaigne ou de la Corse) et tout cela m'enseignait déjà à sa façon que la Crète est un continent, non une île. Les hommes non plus n'appartenaient pas à la mer. Certains portaient la braie[9] noire et bouffante typique de la Crète, le foulard à franges et les bottes noires. Pendant une heure, nous avons bu,
40 mangé, entre hommes uniquement : les femmes, elles, allaient et venaient pour servir ou se tenaient derrière la table, immobiles, silencieuses, mains croisées sur les jupes, attendant les ordres des maîtres. Cela aussi était nouveau pour moi : cette soumission, cet effacement des femmes. Pourtant, quand elles
45 se retrouvaient dans la cuisine, j'entendais des fous rires

---

8. *Suri* : aigre.
9. *Braie* : cf. note 6 du texte « Le Mariage » (Hélias).

étouffés, des conversations furtives[10] qui me rassuraient un peu : elles s'amusaient à leur façon dans leur domaine où les hommes ne pénètrent pas. Une seule d'entre elles, plus âgée, ne servait pas les hommes. Elle était accroupie un peu plus
50 loin, adossée au rebord de la terrasse, indifférente à cette agitation. De ma place, je voyais ses lèvres remuer en cadence comme si elle priait ou fredonnait quelque chose en elle-même. A deux reprises, mes yeux croisèrent les siens : un regard vide et transparent. C'est elle, bizarrement, que ma
55 mémoire a le mieux retenue, cette silhouette ratatinée aux lèvres frémissantes, statue noire, décharnée, absente, comme on en voit des milliers dans les villages grecs et qui donnent l'étrange impression de n'avoir ni poids ni passé, d'être nées ainsi, recroquevillées sur leur destin, avec leurs rides et leur
60 regard vide, rivées à leur village, à leur maison, à leur coin de terrasse, de la naissance jusqu'à leur mort, comme l'huître à son rocher.

Nous avons bu et bavardé longtemps, jusqu'à la nuit tombante. Des voisins, attirés par le bruit, arrivaient sans cesse.
65 Certains s'asseyaient parmi nous, me regardant à la dérobée. D'autres se tenaient silencieux, adossés ici et là, comme des anges noirs. J'étais le premier étranger à venir dans ce village depuis la fin de la guerre. Cela valait bien une fête. Quand je dis que nous avons bavardé longtemps, c'est évidemment une
70 façon de parler. Les conversations se déroulaient avec force gestes et mimiques[11], entrecoupés de quelques mots d'allemand, la seule langue étrangère que mes hôtes comprenaient un peu. J'appris aussi pour la première fois ce soir-là le rituel de l'hospitalité : après avoir bu et mangé, on attend du visiteur
75 quelque chose, un récit, un conte ou simplement qu'il réponde aux questions multiples qu'on lui pose. Questions qui sont toujours les mêmes et qui se répètent à travers les villages avec une telle précision, un ton si identique qu'un voyageur non prévenu pourrait croire que tous les paysans de Grèce se sont
80 donnés le mot. Mais non : ces questions, cette curiosité, elles jaillissent naturellement, spontanément des lèvres grecques depuis trois mille ans, en une ordonnance[12] immuable[13].

Jacques Lacarrière, *L'Été grec*, Éd. Plon, 1975, chap. V.

---

10. *Furtives* : secrètes, discrètes.
11. *Mimiques* : ensemble de gestes expressifs et de jeux de physionomie.
12. *Ordonnance* : disposition, ordre.
13. *Immuable* : invariable.

L'ÉTÉ GREC

Réfléchissons

La rencontre

1. Sur quel contraste est construite cette rencontre ? Quel effet produit-il ?

2. Sous quel aspect se présente le Crétois aux yeux de Lacarrière ?

3. Quelle est la première réaction du narrateur ?

4. Relevez les divers procédés stylistiques soulignant la succession rapide des actions. Quel sentiment cette rapidité fait-elle naître chez l'auteur ?

L'accueil

1. Qu'est-ce qui frappe surtout dans cet accueil ?

2. Comment s'explique aussi l'empressement des Crétois envers le Français ?

3. Le langage est-il essentiel à la compréhension entre les peuples ? Justifiez votre réponse.

Le rituel

1. Une société d'hommes : comment l'auteur suggère-t-il ce fait ?

2. Les femmes semblent-elles en souffrir ? Quelle est leur attitude ?

3. L'habillement : en quoi consiste-t-il ? Ce costume est-il significatif des années d'après-guerre ? Justifiez votre réponse.

4. Pourquoi peut-on parler de *rituel* de l'hospitalité ? A quoi attribuez-vous ce respect de la tradition ?

Allons plus loin

1. Pensez-vous qu'aujourd'hui encore (en 1984) le même accueil soit réservé aux étrangers ? Développez votre réponse.

2. Quelles sont, selon vous, les causes du changement intervenu dans cette seconde moitié du XXème siècle ?

Recherches

1. Que pensez-vous de ces « sociétés d'hommes » ?

2. Vous avez la possibilité de partir en voyage dans le pays de votre choix. Où décideriez-vous d'aller ? Quelles sensations, quel but rechercheriez-vous dans un tel voyage ? Développez vos arguments. Illustrez votre texte de photos ou autres documents soulignant les raisons de votre choix.

JACQUES LACARRIÈRE

Saveur du pain

C'est à Athos que j'ai découvert le pain grec. Jamais jusqu'alors je n'avais réfléchi au pain que je mangeais. En France, le pain est devenu une denrée si banale, si industrialisée qu'étant enfant, je m'étonnais toujours quand certains
5 jours mes parents trouvaient le pain mauvais. Le pain, pensais-je, se fabrique comme des allumettes : comment pouvait-on ne pas le réussir ? A Athos, les moines font leur pain, une fois par semaine, dans des fours chauffés au feu de bois. C'est un pain complet, presque noir et peu levé. Les moines le
10 moulent en blocs quadrangulaires qui sont entreposés pour la semaine. Il ne se garde pas frais très longtemps et arrive vite — surtout dans les skites[1] et les kalyvia[2] éloignés où on le prend une fois par mois — à avoir la dureté du bois. On le met alors à tremper dans l'eau, quelques heures avant les repas.
15 Ce mouillage lui donne un goût d'humus[3] qui n'a rien de désagréable. Il m'est arrivé très souvent, dans les skites et ermitages retirés, de n'avoir que du pain trempé dans le vin ou l'huile d'olive pour toute nourriture. Et je conserve encore dans la bouche ce goût d'humus et de paille, de réglisse et de
20 terreau humide, le goût du pain d'Athos.

Jacques Lacarrière, *L'Été grec*, Éd. Plon, 1975, chap. II.

Réfléchissons

1. En quoi le pain fabriqué par les moines du mont Athos est-il différent des autres ?

2. Quel sentiment, selon vous, préside à la fabrication de ce pain ? Pourquoi ?

3. Qu'éprouve encore le narrateur lorsqu'il pense à ce pain ?

Allons plus loin

Le pain : quelles images, quelles idées ce mot fait-il surgir en vous ? Rédigez un poème en vers ou en prose qui les mettra en valeur. Lisez auparavant pour vous aider le texte sur le pain qu'a écrit Francis Ponge, un poète contemporain, dans *le Parti pris des choses* (1942).

---

1. *Skites* : bâtiments religieux, qui, par leur moindre importance et leur proximité, peuvent être considérés comme les annexes des principaux couvents.

2. *Kalyvia* : cabanes où habitent quelques moines.

3. *Humus* : terre.

*...j'ai découvert le pain grec...
et je conserve encore dans la bouche... le goût du pain d'Athos.*

Enquêtons

1. Quelles sortes de pain connaissez-vous ? Citez-les en les décrivant avec précision.

2. Nous n'avons qu'une connaissance superficielle de ce qu'est une boulangerie. Aussi, rendez-vous chez un boulanger et interrogez-le sur son métier, sur les innovations techniques de ces dernières années et aussi sur le retour à certaines techniques traditionnelles. Demandez-lui, au besoin, d'assister à la fabrication d'un « fournée ». Prenez des photos si vous en avez l'occasion pour illustrer le compte rendu que vous ferez de votre visite à vos camarades.

La Semaine sainte

Nikos Kazantzaki (1883-1957) s'attache à décrire la vie des petites gens en Grèce. L'action du Christ recrucifié *se passe à Lycovrissi, village grec sous domination turque.*

Les personnalités du village se sont réunies chez le pope afin d'organiser les fêtes de Pâques.

« Notables[1], mes frères, commença-t-il[2] d'une voix grave, cette journée est solennelle ; Dieu nous voit et nous entend. Ce que nous allons dire ici, il le consignera dans ses registres, prenez-y garde ! Le Christ est ressuscité, mais en nous, dans notre chair,
5 il est encore crucifié. Ressuscitons-le aussi en nous, mes frères ! Oublie un instant, seigneur, les choses de ce monde. Tu as tiré un bon profit de tes terres, pour toi et pour les tiens ; tu as mangé, bu et joui plus que de raison ; élève un moment ton esprit au-dessus de tous ces plaisirs et aide-nous à prendre
10 une décision. Toi, vieux Ladas, oublie en ce jour solennel ton huile, ton vin et les pièces d'or qui sont entassées dans tes coffres. A toi, mon frère, je n'ai rien à dire : ta pensée ne s'abaisse jamais à la mangeaille[3], aux pièces d'or et aux femmes ; elle communie avec Dieu et avec la Grèce. Mais toi,
15 capitaine, pécheur invétéré[4], tu as semé tes forfaits[5] à travers toute la mer Noire. Décide-toi aujourd'hui à penser à Dieu, et aide-nous, toi aussi, à prendre une décision sensée. »

Le capitaine bouillait de rage.

« Laissons de côté le passé, père ! cria-t-il. Dieu jugera ! Si
20 nous étions libres comme toi, de parler, nous aurions aussi, je crois, beaucoup à dire sur ta sainteté.

- Parle, père, mais prends garde à tes paroles ; tu t'adresses à des notables ! lança à son tour le seigneur en fronçant les sourcils.

25 - Je m'adresse à des vers de terre ! cria le prêtre en colère. Moi aussi, je ne suis qu'un ver de terre. Ne m'interrompez pas ; les gens du village viendront d'ici peu, et il faut qu'aupa-

---

1. *Notables* : personnages importants du village.
2. *Commença-t-il* : il s'agit du pope.
3. *Mangeaille* : mot péjoratif désignant la nourriture.
4. *Invétéré* : endurci, qui ne peut changer.
5. *Forfaits* : mauvaises actions.

ravant nous ayons pris une décision. Écoutez donc ! C'est une coutume ancienne au pays, depuis des générations, de choisir tous les sept ans, dans l'ensemble de la population, une demi-douzaine de villageois, hommes et femmes, qui feront revivre dans leur corps la Passion du Christ, quand viendra la Semaine sainte. Six années ont passé, nous entrons dans la septième. Nous devons aujourd'hui, nous, les notables, choisir parmi nos concitoyens ceux qui sont dignes d'incarner[6] les trois grands Apôtres, Pierre, Jacques et Jean, ceux qui feront Judas l'Iscariote et Madeleine la pécheresse, et, par-dessus tout, celui qui — pardonne-moi, mon Dieu — sera capable de préserver toute l'année la pureté de son cœur pour être le Christ crucifié. »

Le pope s'arrêta un instant pour reprendre haleine. L'instituteur profita de l'aubaine[7] ; sa pomme d'Adam se mit à monter et à descendre :

« Les Anciens appelaient cela un Mystère, expliqua-t-il. Il commençait le dimanche des Rameaux sous le porche de l'église et se terminait le Samedi saint à minuit, sur le parvis, avec la résurrection du Christ. Les païens avaient les théâtres et les cirques, les chrétiens avaient les mystères... »

Mais le père Grigoris coupa net son élan :

« C'est bon, c'est bon, nous savons tout cela, maître d'école ! Laisse-moi finir. Les paroles deviennent chair ; nous voyons désormais de nos yeux, nous touchons de nos mains la Passion du Christ. De tous les villages de la contrée[8] affluent des pèlerins, qui viennent camper autour de l'église. Ils pleurent et se frappent la poitrine pendant toute la Semaine sainte ; puis, avec la résurrection du Christ, commencent les réjouissances et les danses. Beaucoup de miracles se produisent ces jours-là, vous vous le rappelez, mes frères. Nombreux sont les pécheurs qui sont pris de sanglots et se repentent. Il n'est pas rare que des propriétaires aisés confessent les péchés qu'ils ont commis pour s'enrichir et consacrent à l'église une vigne ou un champ pour sauver leur âme. Tu entends, vieux Ladas ?

— Continue, père, et ne jette pas de pierres dans mon jardin, répliqua le vieux Ladas, énervé. Ces façons-là ne prennent pas avec moi, sache-le.

---

6. *Incarner* : représenter un personnage.
7. *Aubaine* : avantage inespéré.
8. *Contrée* : région.

- Nous sommes donc réunis aujourd'hui, reprit le pope, pour choisir, avec l'aide de l'inspiration divine, les villageois à qui nous allons confier un rôle dans ce mystère sacré. [...] Nous ne trouverons pas de meilleur Pilate que toi, seigneur, dit le pope en adoucissant sa voix. Ne fronce pas le sourcil. Pilate était aussi un grand seigneur, et il avait ta prestance : un vrai seigneur, soigné de sa personne, replet[9], avec des bajoues[10]. Brave homme au demeurant[11] : il a fait ce qui était en son pouvoir pour sauver le Christ et, à la fin, il a déclaré : « Je m'en lave les mains » pour ne pas se faire complice du crime. Ne refuse pas, seigneur : nous accroîtrons le prestige du mystère. Pense à la gloire qui rejaillira sur le village, pense à la foule qui accourra en apprenant que le noble seigneur Patriarchéas jouera le rôle de Pilate. »

Le seigneur sourit avec fierté et alluma sa pipe sans souffler mot. [...]

« Au nom de Dieu, approche, Costantis ! »

Le cafetier roula son tablier, en attacha le bout à sa large ceinture rouge et s'approcha.

« Toi, Costantis, nous t'avons choisi pour être l'apôtre Jacques, l'austère[12] compagnon de Jésus. C'est une grande et divine mission, et il faudra la remplir avec honneur, pour ne pas faire honte à l'apôtre. A partir de ce jour, Costantis, tu dois devenir un être nouveau. Tu es bon, mais il faut devenir meilleur, plus droit, plus affable[13], plus régulier à l'église. Mets désormais moins d'orge dans ton café, ne mélange plus les fonds de verre au vin que tu vends, cesse de couper les loukoums[14] en deux pour en vendre une moitié au prix d'un entier. Et veille à ne plus battre ta femme, car, à compter de ce jour, tu n'es plus seulement Costantis, mais aussi l'apôtre Jacques. As-tu compris ? Réponds : j'ai compris.

- J'ai compris », répondit Costantis en se retirant, rouge de confusion, vers le mur. [...]

« Approche à ton tour, Yannakos ! »

Le colporteur[15] fit un pas vers le prêtre et lui baisa la main.

« A toi, Yannakos, est échue la lourde charge d'incarner l'apôtre Pierre. Prends bien garde ! Dépouille le vieil homme.

---

9. *Replet* : bien en chair, grassouillet.
10. *Bajoues* : joues pendantes.
11. *Au demeurant* : d'ailleurs.
12. *Austère* : sévère, rigoureux.
13. *Affable* : aimable.
14. *Loukoum* : confiserie orientale.
15. *Colporteur* : marchand ambulant.

Celui qui doit mourir, film de Jules Dassin inspiré du roman de N. Kazantzaki.
Nous sommes donc réunis aujourd'hui... pour choisir... les villageois à qui nous allons confier un rôle dans ce mystère sacré.

C'est un baptême secret que celui-ci : le serviteur de Dieu Yannakos est baptisé et devient l'apôtre Pierre. Prends l'Évangile, tu sais un peu lire, tu verras là qui était Pierre. Je te l'expliquerai de mon côté. Yannakos, tu as une tête de cochon, mais tu as bon cœur. Romps avec le passé, fais le signe de croix et engage-toi dans un chemin nouveau, celui qui mène à Dieu : ne vole plus sur le poids, ne vends pas du chat pour du lapin, ne décachète plus les lettres pour surprendre les secrets d'autrui. Tu entends ? Réponds : j'ai entendu et j'obéirai.

- J'ai entendu et j'obéirai, mon père », s'empressa-t-il de répondre en se retirant prestement vers le mur, craignant que ce diable de prêtre ne se mît à déballer tout son linge sale en public.

Mais le père Grigoris eut pitié de lui et se tut. Alors Yannakos reprit courage :

« Mon père, dit-il, je te demande une faveur... Je crois que, dans l'Évangile, il y a aussi un âne. Quand le Christ est entré à Jérusalem, si je ne me trompe, le jour des Rameaux, il était monté sur l'âne. Nous avons donc besoin aussi d'un âne : je voudrais que ce soit le mien.

- Que ta volonté soit faite, Pierre, et que ton âne aille aussi au Paradis ! » répondit le pope au milieu d'un éclat de rire général. [...]

A ce moment-là, Michélis entra. [...]

« Voilà l'enfant gâté ! dit le pope en regardant avec fierté son futur gendre. Michélis, nous t'avons désigné d'une seule voix pour incarner Jean, l'apôtre bien-aimé du Christ. Ce sera pour toi un grand honneur et une grande joie, mon petit Michélis ; c'est toi qui te pencheras sur le Christ pour le consoler ; c'est toi qui le suivras jusqu'au dernier moment, jusqu'à la croix, alors que les autres disciples se sont dispersés ; c'est à toi que le Christ confiera sa mère.

- Avec ta bénédiction, mon père ! dit Michélis en rougissant de contentement. Tout enfant, j'admirais déjà cet apôtre sur les icônes[16] ; il était jeune, beau, doux ; il me plaisait. Je te remercie, mon père. As-tu une recommandation à me faire ?

- Aucune, Michélis. Ton âme a la pureté de la colombe, ton cœur déborde d'amour. Tu ne feras pas honte à l'apôtre. Tu as ma bénédiction ! »

Après un instant de silence, le pope reprit, en dévisageant les villageois à tour de rôle de son œil de rapace :

« Maintenant il faut trouver Judas l'Iscariote ! »

Les villageois frissonnaient en sentant ce regard perçant fixé sur eux. « Secourez-moi, mon Dieu, murmurait chacun. Je ne veux pas être Judas. » Le regard du prêtre s'arrêta sur la barbe rousse du Mange-plâtre. Sa voix s'éleva dans le silence :

« Approche, Panayotis ! J'ai un service à te demander. »

Le gros Panayotis secoua ses épaules et sa large nuque comme un bœuf qui demande à être dételé. Un instant, il eut envie de crier : « Non, je n'approche pas ! », mais la présence des notables l'intimidait.

« A tes ordres, mon père ! répondit-il en s'avançant avec la lourdeur d'un ours.

- Le service que nous allons te demander n'est pas agréable, déclara le pope en guise de préambule ; mais tu ne vas pas nous contrarier. Car, si tu es d'apparence rude et rébarbative, ton cœur est sensible. Tu es comme le fruit de l'amandier : la

---

16. *Icônes* : peintures religieuses sur bois dans l'Église d'Orient.

coque est de pierre, mais à l'intérieur, tout au fond, se cache l'amande douce... Tu entends ce que je dis, Panayotis ?
- J'entends, je ne suis pas sourd », répondit-il.

En même temps son visage couvert de taches s'enflamma : il avait compris ce qu'on attendait de lui, et les finasseries et les flatteries lui répugnaient.

« Sans Judas, il n'y a pas de Crucifixion, continua le prêtre, et, sans Crucifixion, pas de Résurrection. Il est donc indispensable que quelqu'un du village se sacrifie pour jouer le rôle de Judas. Nous avons tiré au sort, et le sort t'a désigné, Panayotis !
- Je ne ferai pas Judas ! » coupa net le Mange-plâtre, en serrant les poings.

L'œuf rouge se cassa ; comme il était cuit à la coque, le jaune se mit à couler de la main de Panayotis.

Le seigneur bondit en brandissant sa pipe d'un air menaçant :

« Enfer et damnation ! s'écria-t-il. Chacun n'en fera pas à sa tête ici ! C'est le Conseil des Anciens, ce n'est pas la foire. Les Anciens ont pris une décision : c'est dit. Les autres n'ont qu'à obéir. Tu entends, Mange-plâtre ?
- Je respecte le Conseil des Anciens, répliqua Panayotis ; mais ne me demandez pas de trahir le Christ ! Je refuse ! »

Le seigneur haletait, voulait parler, mais s'étranglait de rage. Le capitaine profita du brouhaha pour remplir encore une fois son verre de raki[17].

« Tu es à rebrousse-poil et tu prends tout à rebours[18], Panayotis, reprit le père Grigoris en faisant effort pour adoucir sa voix. Ce n'est pas toi qui trahiras le Christ, bêta ; tu feras semblant d'être Judas et tu feras semblant de trahir le Christ, pour nous permettre, à nous, de le crucifier et, ensuite, de le faire ressusciter. Tu as l'esprit lent, mais fais bien attention, et tu comprendras. Pour sauver le monde, le Christ doit être crucifié ; pour que le Christ soit crucifié, il faut qu'il ait été trahi... Tu vois donc que, pour que le monde soit sauvé, Judas est indispensable, plus qu'aucun autre des apôtres. En effet, qu'un apôtre vienne à manquer, cela ne change rien ; mais que Judas fasse défaut, rien ne va plus... Après le Christ, c'est lui le plus important... As-tu compris ?

---

7. *Raki* : eau-de-vie parfumée à l'anis.   18. *A rebours* : à l'envers ; à rebrousse-poil.

— Je ne ferai pas Judas ! répéta Panayotis, en malaxant dans sa main l'œuf cassé. Vous voulez que je fasse Judas, moi je ne veux pas ; c'est fini ! »

Nikos Kazantzaki, Le Christ recrucifié, Plon, 1965, chap. I.

Réfléchissons

La coutume

1. En quoi consiste-t-elle ?

2. A-t-elle encore un sens religieux profond ou n'est-elle plus qu'une coutume vide de sens ?

3. Une société fortement hiérarchisée. Cette hiérarchie a-t-elle changé depuis le Moyen Age ?

Les discours

1. Comparez les deux évocations de la coutume, celle du maître d'école et celle du père Grigoris.

2. Étudiez le rôle de la morale dans les interventions du père Grigoris.

3. Que pensez-vous de l'opposition païens-chrétiens ?

4. Le but du père Grigoris en « recréant la Semaine sainte » n'est pas seulement religieux. Quel sentiment apparaît derrière cet aspect divin ? Relevez les phrases clés. Auquel de ces deux aspects s'attache principalement le père Grigoris ?

5. Étudiez le caractère du père Grigoris. Vous semble-t-il être le digne représentant de la religion ?

Les acteurs

1. Quels sentiments éprouvent les habitants du village, choisis pour « jouer » tel ou tel personnage ?

2. Comment expliquez-vous le refus de Panayotis ? Que pouvez-vous en conclure sur le rôle de la religion dans ce village ?

Recherches

1. Donnez la définition du mot Mystère.

2. Les Mystères au Moyen Age et leur représentation.

3. Connaissez-vous d'autres fêtes qui soient ainsi représentées ? Lesquelles ? Expliquez-les rapidement à vos camarades.

4. La religion joue-t-elle le même rôle aujourd'hui ?

5. Est-elle ressentie de la même façon dans tous les pays ?

LE PALANQUIN DES LARMES

Un mariage en Chine

En 1949, à 13 ans, la jeune Chow Ching Lie est mariée contre sa volonté, vendue pour ainsi dire, à Liu Yu Wang qui appartient à une très riche famille de Shanghai, et ceci au moment même où s'annonce l'avènement d'une Chine nouvelle qui libérera les femmes de leur joug.

Dans ce passage, Chow Ching Lie raconte en partie le déroulement de son mariage.

Mon père vient d'entrer et pose sur moi un voile de mousseline blanche qui me couvre le visage et la poitrine. Mes yeux se remplissent de larmes et en moi-même je lui dis : « C'est toi, mon père, qui poses sur moi le voile de l'esclave, c'est ton bras
5 qui vas me donner à un autre homme et toute cette fête n'est que pour nous séparer. » [...]
   J'avance lentement comme une jonque. Les flashes des photographes crépitent autour de moi. Au rez-de-chaussée, l'orchestre attaque la marche nuptiale de Mendelssohn[1]. On
10 me dirige vers un salon immense barré dans toute sa longueur par un étroit tapis rouge qui a bien cent mètres de longueur et sur lequel je dois passer au bras de mon père. Entre deux haies de complimenteurs nous avançons à pas comptés, précédés par deux petits enfants qui répandent des fleurs devant moi,
15 tandis que deux autres tiennent la traîne de ma robe. Tante Ma, derrière moi, me souffle de baisser la tête. Il convient, pour la mariée, d'avoir dès que possible cette allure modeste qui est la marque de son sort.
   Au bout du tapis rouge m'attend mon fiancé. Il s'est changé,
20 et porte un smoking — sans être plus séduisant à mes yeux. Mais surtout, au fond de la salle s'élève un petit podium auquel on accède par trois marches. Là, devant une table recouverte d'une nappe rouge se tiennent trois hommes en robe chinoise : au milieu, un personnage très important dont
25 j'ai oublié le nom et qui est le témoin, à gauche mon futur beau-père, le richissime Liu Pin San avec son front qui brille comme un miroir, à droite Tsou Hon, mon grand-père. En bas, mon fiancé attend que j'arrive devant lui. La musique s'arrête

---

1. *Mendelssohn* : compositeur allemand (1809-1847).

en même temps que moi. L'appariteur s'écrie d'une voix forte :
- Homme nouveau, ôte le voile du visage...
C'est le premier grand moment. Liu Yu Wang[2] s'exécute, lève le voile et le remet à une servante. Nouveau concert de compliments qui ne s'apaise que lorsque, sur le podium, le témoin commence son discours. Ce notable de Shanghai, ami intime de Liu Pin San, vante longuement les vertus de ma future belle-famille, puis celles de mon père, professeur digne de tous les éloges, etc. Suivent quelques conseils au nouveau ménage : pour éviter les disputes, il faut, dit-il, se respecter comme des amis. Le discours fini, il se fait apporter le registre où sont inscrits les noms et l'état civil des conjoints, puis demande à mon grand-père et à M. Liu leur consentement au mariage et, cela fait, appose un cachet sur le registre. (Vous remarquez qu'en Chine on ne demandait pas leur consentement aux mariés.) Mon beau-père appose à son tour le cachet, puis mon grand-père. Le témoin remet alors à Liu Yu Wang une bague que celui-ci passe à l'annulaire de ma main gauche : c'est une bague en or avec un seul diamant mais énorme. Lui-même, il ne porte pas de bague. Cette partie de la cérémonie, discours compris, avait duré trois bons quarts d'heure. L'appariteur annonça :
- La cérémonie est terminée ! Les nouveaux mariés vont se reposer !

C'était là une façon de parler, car en fait, la cérémonie ne faisait que commencer. La marche nuptiale reprit de plus belle tandis que, couverte de confettis et de serpentins, dans un désordre et un vacarme sans nom, je retournais vers le petit salon. Liu, à présent mon mari, est avec moi quand je m'effondre dans un fauteuil, déjà épuisée par la chaleur et le bruit. Je ne suis plus Chow Ching Lie. Je m'appelle désormais : Liu Chow Ching Lie.

Deux longues épreuves nous attendaient. La première, solennelle, inspirait le respect et la crainte : c'était la prosternation devant la parenté. L'autre, constamment recommencée — celle des brimades traditionnelles — me fut insupportable. La part occidentale de mon éducation en était sans doute responsable, me rendant peu perméable[3] à des coutumes si profondément chinoises. [...]

---

2. *Liu Yu Wang* : futur époux de Chow Ching Lie.   3. *Perméable* : intéressé, touché

L'image renvoyée par le miroir était celle d'une fille d'un autre siècle.

Donc, après la remise de la bague, c'est pour la prosternation devant la parenté qu'il fallut à nouveau se changer dans le petit salon. Liu Yu Wang avait revêtu une robe chinoise. Quant à moi, je devais m'habiller cette fois avec les quatorze pièces choisies par ma belle-mère dans la Quatrième Rue. De la tête aux pieds je devins éclatante comme un étendard, les fils d'argent et d'or se mêlaient aux couleurs des broderies, une résille[4] de perle recouvrait le chignon de mes cheveux relevés, ma tête et mes oreilles étaient parées de bijoux et sur ma poitrine un pendentif, cadeau de ma belle-mère, présentait une plaque d'or sur laquelle étaient gravés ces quatre mots : « BELLE DEHORS — INTELLIGENTE DEDANS. » Tante Ma me remit un grand mouchoir de soie rouge qu'il était obligatoire, avec la tunique brodée, de tenir à la main.

Une fois de plus, je me regardai dans le miroir. Cela devenait une espèce de divertissement consolateur. L'attrait de la parure n'était pas pour moi une ivresse, mais plutôt l'occasion de m'oublier : l'image renvoyée par le miroir était celle d'une fille d'un autre siècle. Et non seulement un spectacle exceptionnel dans la Chine d'alors, mais le dernier dans son genre puisqu'une Chine nouvelle se levait autour de nous. Quand mon regard tomba sur Liu Yu Wang étriqué, flottant dans son large pantalon, je ne pus m'empêcher d'éclater de rire, à la grande fureur de ma mère. Mais Liu, nullement vexé, sourit et, comme pour s'excuser :

- Je suis toujours habillé ainsi, dit-il, pour les fêtes et pour l'hommage aux ancêtres...

Là-dessus, tante Ma nous fit sortir pour le salut à la parenté qui devait se dérouler dans la grande salle pourvue du podium. Chemin faisant, comme je marchais de cette démarche lente qui était de rigueur, une fille de mon âge se jeta brusquement sur moi et m'arracha mon mouchoir, à ma plus grande peur. Tante Ma, tout en me tendant un autre mouchoir, m'expliqua aussitôt :

- Ne crains rien, c'est la coutume... Tout le monde a le droit d'arracher quelque chose de la main de la mariée... C'est pour rire.

- Tu aurais pu me prévenir, lui dis-je, pour que je n'aie pas peur...

---

4. *Résille* : filet dans lequel on serre les cheveux.

Au milieu de la grande salle étaient disposés deux fauteuils carrés en bois de fer et à coussins rouges. Deux chemins tapissés de rouge y conduisaient. L'huissier entonna une mélopée[5] semblable à celle de tante Ma à la maison, pour annoncer :

- L'homme nouveau et la nouvelle femme viennent saluer les parents !

Alors, on conduisit d'abord vers les deux fauteuils Liu Pin San et sa femme. Ils arboraient l'un et l'autre un sourire épanoui.

- Que les mariés s'agenouillent ! dit l'huissier.

A genoux l'un à côté de l'autre, nous nous prosternâmes, mon mari et moi, le front sur le tapis rouge.

- Levez-vous !

Puis à nouveau, il nous fit agenouiller. Cela devait se faire en tout trois fois pour chaque couple de parents. La troisième fois, ma belle-mère m'aida à me relever en murmurant : « Bien... C'est très bien... »

Ce fut ensuite à grand-père Tsou Hon et à sa femme à s'asseoir dans les deux fauteuils pour recevoir nos trois prosternations, puis à mon père et à ma mère.

Mais il restait encore toute la parenté des Liu pour recevoir le même hommage, cousins, tantes et oncles, une cinquantaine de couples (il n'y eut que de rares veufs et célibataires) devant lesquels je dus me prosterner trois fois avec l'obligation de me relever entre chaque prosternation. Je prie le lecteur de calculer approximativement le nombre des mouvements.

Chow Ching Lie, Le Palanquin des Larmes,
Éd. Robert Laffont, 1975.

Réfléchissons

1. Tradition chinoise teintée d'européanisme, ainsi apparaît ce mariage. Relevez dans un tableau les éléments appartenant à ces deux tendances. Lequel des deux aspects domine ? Qu'en concluez-vous ?

2. Un mariage tel que nous l'entendons, nous, Européens, est en général une fête joyeuse. Quel qualificatif pourriez-vous appliquer à celui-ci ? Relevez des termes précis du texte confirmant votre choix.

---

5. *Mélopée* : chant monotone.

Les mariés

1. Les jeunes mariés jouissent-ils d'une certaine liberté ? Justifiez votre réponse.

2. Qu'attend-on, en Chine à cette époque, d'une femme mariée ? Qu'en pensez-vous ?

3. Le mariage est vu par les yeux de Chow Ching Lie. Quels sont les sentiments qu'éprouve la jeune fille tout au long de la cérémonie ? (envers ses parents, son fiancé, les invités, etc.).

4. Quelles réflexions, quels comportements révèlent qu'elle n'est encore qu'une enfant de 13 ans ?

Allons plus loin

1. Dossier : *La Chine dans les années cinquante*.
Avec l'aide de votre professeur d'Histoire, préparez soigneusement ce sujet. Répartissez-vous en groupes de travail, chaque groupe traitant un thème précis (ex. : la femme en Chine, la religion, Mao Tsé-toung, etc.).

2. Comparez ce passage avec le texte dans lequel P.-J. Hélias raconte le mariage de ses parents. Quelle ambiance préférez-vous ?

Imaginons

Que représente pour vous, adolescents, le mariage ? Racontez.

La pomme de terre, étrange plat

C'est dans son premier roman, écrit vers la fin de sa vie, que Marguerite Gurgand (1916-1981) a entrepris de ressusciter une histoire qu'on lui racontait dans sa jeunesse : un épisode de la vie de son village au début du XIXème siècle.

Un soir, trois demoiselles arrivent à Beaumoreau, apportant avec elles des « nouveautés ».
Auriez-vous pu imaginer que la pomme de terre fût si difficilement introduite et acceptée en France alors qu'aujourd'hui « le steak-frites » fait notre gloire ? Et pourtant voici comment fut accueilli notre « tubercule national ».

Monsieur Amélien, à cette époque, se donnait beaucoup de mal pour faire admettre la pomme de terre sur les tables. Avec les maigres moissons à venir, l'occasion lui paraissait bonne. Il fit dire qu'il tenait à la disposition de ceux qui le désireraient
5 des tubercules gratuits pour la semence. Mais il fallait aller vite, la mise en terre devant se faire à la défloraison de l'épine noire, quand l'épine blanche prend la relève et fleurit en bouquets.
   Il n'y eut aucun écho. Il parut évident que les gens d'ici
10 manquaient d'attirance pour les nouveautés culinaires. Pourtant, des voyageurs, des colporteurs contaient comment le nouveau légume avait fait la conquête de la capitale et s'était étendu alentour. Jusqu'aux Limousins, disait-on, qui avaient été convertis. A quoi les femmes, entichées[1] de leurs herbes,
15 répondaient sans trop de charité ni de modestie :
   « Peuh ! Les Limousins !... N'ont jamais été fines goules[2] comme nous autres !... Sont meilleurs au mortier ! »
   Les petits sacs de fécule distribués par Marie-Aimée avaient été cuits pour les vieillards et les enfants, mais en bouillies
20 insipides, absorbées à la façon d'un remède. [...]
   En vérité, il fallait d'abord rassurer. En effet, les premiers à venir parler de la pomme de terre ici avaient mis les gens en garde : seuls, les tubercules étaient comestibles ; il fallait se

---

1. *Entichées* : attachées.   2. *Fines goules* : fines bouches, gastronomes.

méfier des feuilles et des tiges, qui contenaient un produit dangereux. *Dangereux*, qui se prononce avec un *g* très rauque, menaçant, annonçait le poison. Et d'où, on vous le demande, pouvait bien venir ce poison, sinon des racines ? Et comment une plante poisonne pouvait-elle produire des fruits sains ? Certains avaient proposé d'en faire goûter aux cochons, aux chiens, ou même aux vieux, « que ça les débarrasserait plutôt, les pauvres... ». Mais on n'avait rien fait, et la pomme de terre restait menaçante. Comment rassurer ?

En revenant de Melle, Amélien s'arrêta à l'auberge. Il avait eu une idée en chemin, mais dut parlementer[3] longtemps pour convaincre Beaudouin, son frère le barbier et la Beaudouinette.

« Mon auberge y laissera sa réputation, gémissait l'un.

– Nos clients vont pour sûr attraper la foire[4] si c'est pas pire encore, bougonnait l'autre.

– Je ne sais faire que de l'honnête cuisine, se rebiffait le cordon bleu, pas du manger de pays perdus, que j'y perdrais mon tour de main... »

C'est que Monsieur Amélien s'était mis en tête d'offrir à tous ceux qui le désiraient un repas entièrement et exclusivement fait de pommes de terre :

« Tout d'abord, expliquait-il, vous en ferez une soupe épaisse selon mes indications. Puis vous cuirez d'autres pommes de terre, presque sans eau, dans un chaudron, avec la peau, et vous les servirez accompagnées de sel et de fromage mou. Pour le dessert, vous ferez le tourteau-petatou[5]. Je paye la godaille[6], le clairet[7] et un verre de vin bouché pour le tourteau... Ne lésinez[8] pas et faites passer l'invitation à tous... »

L'aubergiste secouait la tête, mal converti ; la femme insinua timidement :

« Ça sera triste sans viandes... » [...]

La soupe avait cuit dans deux énormes fourneaux à lessive ; Anna était venue contrôler son mitonnement. Elle avait ajouté du pain taillé sur la purée liquide et, chose jamais vue chez nous où le saindoux[9] était roi, avait versé une jatte de beurre

---

3. *Parlementer* : discuter, négocier.
4. *La foire* : la diarrhée.
5. *Tourteau-petatou* : gâteau de pommes de terre.
6. *La godaille* : mélange de vin et de bouillon.
7. *Le clairet* : vin rouge léger.
8. *Lésiner* : épargner.
9. *Le saindoux* : graisse de porc fondue.

dans chaque chaudronnée, sous le regard outré de la Beaudouinette.

Mathurine, qui se dépensait sans compter pour mettre tout le monde d'accord, avait cru bon d'expliquer :

« Quand on est point en carême[10], une bonne soupe doit avoir do z'œils[11]. »

Étiennette avait haussé une épaule dédaigneuse :

« L'beurre n'a jamais fait de vrais œils comme une bonne graisse... Mais quoi voulez-vous qu'une Beurtonne connaisse à nos bons mangers d'icite ? Dans lou pays, ça ne vit pour ainsi dire que de farine de sarrasin... »

Quoi qu'il en soit, la soupe aux trouff'[12], passé la première cuillerée, n'eut pas le temps de refroidir. Beaudouinette, qui regardait par la porte, n'en revenait pas.

Quand Émile et les gamins déposèrent sur les tables les platées de pommes de terre, il y eut à nouveau un peu de flottement. On prit le temps de regarder de biais à la table de Beaumoreau pour voir comment les autres s'y prenaient.

Mais, hé là, il n'aurait pas fallu croire qu'un paysan, même en ce temps-là, était moins futé qu'un autre. On mit vite le sel et le poivre en petits tas sur le bois brut des tables, on creusa les quignons de pain pour loger dans le creux le fromage mou qu'on répartissait ensuite sur la bouchée à couper ; on tapotait légèrement le tubercule sur le sel et, ma foi, on trouva que le mélange de tout cela faisait un bon amalgame[13]. Monsieur Amélien, qui surveillait le progrès des mastications, lança un des adages[14] de son ami Bujault : « La trouff', c'est du pain à un sou le kilo ! » Voilà qui donnait à réfléchir.

Nul n'osait encore affirmer bien haut une opinion favorable, mais les femmes hochaient la tête, échangeaient des signes d'étonnement, d'approbation — sûr que, mon Dieu, ça pouvait se manger...

Marguerite Gurgand, Les Demoiselles de Beaumoreau,
© Éd. Mazarine, 1981, chap. 9.

---

10. *Carême* : période d'abstinence entre le Mardi gras et Pâques, pendant laquelle les chrétiens jeûnent.
11. *Do z'œils* : le beurre remonte à la surface de la soupe et prend la forme d'un œil.
12. *La trouff'* : la pomme de terre.
13. *Amalgame* : mélange.
14. *Adage* : maxime pratique et populaire.

Réfléchissons

Les dangers du bouche à oreille

1. Quelle est l'attitude des paysans poitevins devant ce « nouveau légume » ? Comment l'expliquez-vous ? A quel vieux sentiment obéissent-ils ?

2. Quel argument aurait pu cependant les motiver ?

Les préparatifs

1. Comment va « manœuvrer » Amélien ? Y réussit-il aisément ?

2. Étudiez les réactions de l'aubergiste et de sa femme. Qu'est-ce qui semble les choquer par-dessus tout ?

3. Et aujourd'hui, ne reste-t-il pas des séquelles de cette « croyance » ? Pensez aux dîners quelque peu « cérémonieux ». Qu'y sert-on, en général ?

Le dîner

1. Quel comportement adoptent les invités ?

2. Qu'est-ce qui va décider les convives à manger ? Pourquoi ?

3. Leur changement d'attitude : est-il soudain ? Montrez cette évolution (choix du vocabulaire, gestes, etc.).

4. En quoi la remarque des femmes est-elle essentielle ?

Recherches

1. L'introduction de la pomme de terre en Europe et particulièrement en France : à quelle époque se situe-t-elle ? Qui en fut l'instigateur ? Comment s'est-elle répandue ?

2. Inventez une recette fantaisiste à base de pommes de terre (pensez à Gaston la Gaffe).

3. Les dangers du bouche à oreille : rédigez un texte dans lequel un simple fait divers se verra amplifié par la rumeur publique et étudiez-en les conséquences possibles.

Rédigeons

Vous êtes invité à dîner. Soudain on vous présente un mets totalement inconnu de vous. Décrivez votre attitude. Racontez cette anecdote sur un ton humoristique.

Magie de l'eau

« Rivière », mot magique pour un jeune garçon qui n'est pas autorisé à s'en approcher. Un beau jour, Pascalet bravera cette interdiction... mais en attendant il en rêve.

Quand j'étais tout enfant, nous habitions à la campagne. La maison qui nous abritait n'était qu'une petite métairie isolée au milieu des champs. Là nous vivions en paix. Mes parents gardaient avec eux une grand-tante paternelle, Tante Martine.
5 C'était une femme à l'antique avec la coiffe de piqué, la robe à plis et les ciseaux d'argent pendus à la ceinture. Elle régentait[1] tout le monde : les gens, le chien, les canards et les poules. Quant à moi, j'étais gourmandé[2] du matin au soir. Je suis doux cependant et bien facile à conduire. N'importe ! Elle grondait.
10 C'est que, m'adorant en secret, elle croyait cacher ainsi ce sentiment d'adoration qui jaillissait, à la moindre occasion, de toute sa personne.
Autour de nous, on ne voyait que champs, longues haies de cyprès, petites cultures et deux ou trois métairies solitaires.
15 Ce paysage monotone m'attristait.
Mais au-delà coulait une rivière.
On en parlait souvent, à la veillée, surtout l'hiver, mais je ne l'avais jamais vue. Elle jouait un grand rôle dans la famille, à cause du bien et du mal qu'elle faisait à nos cultures. Tantôt
20 elle fertilisait la terre, tantôt elle la pourrissait. Car c'était, paraît-il, une grande et puissante rivière. En automne, au moment des pluies, ses eaux montaient. On les entendait qui grondaient au loin. Parfois elles passaient par-dessus les digues de terre et inondaient nos champs. Puis, elles repar-
25 taient, en laissant de la vase.
Au printemps, quand les neiges fondent dans les Alpes, d'autres eaux apparaissaient. Les digues craquaient sous leur poids et de nouveau les prairies à perte de vue ne formaient qu'un seul étang. Mais, en été, sous la chaleur torride, la
30 rivière s'évaporait. Alors des îlots de cailloux et de sable coupaient le courant et fumaient au soleil.

---

1. *Régenter* : diriger, gouverner.   2. *Gourmander* : gronder, quereller.

Du moins on le disait. Je ne le savais que par ouï-dire.

Mon père m'avait averti :

- Amuse-toi, va où tu veux. Ce n'est pas la place qui te manque. Mais je te défends de courir du côté de la rivière.

Et ma mère avait ajouté :

- A la rivière, mon enfant, il y a des trous morts où l'on se noie, des serpents parmi les roseaux et des Bohémiens sur les rives.

Il n'en fallait pas plus pour me faire rêver de la rivière, nuit et jour. Quand j'y pensais, la peur me soufflait dans le dos, mais j'avais un désir violent de la connaître.

De temps à autre un braconnier[3] passait chez nous. Un grand, sec, la figure en lame de couteau. Et avec ça, l'œil vif, rusé. Tout en lui décelait la souplesse et la force : les bras noueux, le pied corné, les doigts agiles. Il apparaissait comme une ombre, sans bruit.

- Tiens, voilà Bargabot, disait mon père. Il nous apporte du poisson.

En effet.

Bargabot déposait un panier de poissons étincelants sur la table de la cuisine. Ils m'émerveillaient. Dans l'algue luisaient des ventres d'argent, des dos bleuâtres et des nageoires épineuses.

C'étaient des bêtes d'eau toutes fraîches encore de la rivière.

Henri Bosco, *L'Enfant et la Rivière*,
Éd. Gallimard, NRF, 1953, chap. 1.

Réfléchissons

La vie familiale

1. Dans quel cadre de vie se déroule-t-elle ?

2. Qu'est-ce qui la caractérise ?

3. Tante Martine : quel rôle joue-t-elle auprès de Pascalet ? Que dit le narrateur devenu adulte sur le caractère de sa tante ? Et sur quel ton ?

4. Pourquoi est-ce important que ce soit un adulte qui raconte et non un enfant ?

---

3. *Braconnier* : celui qui chasse sans autorisation.

L'ENFANT ET LA RIVIÈRE

La rivière

Nous sommes en Provence où l'eau est source de vie ou de mort ; à ce sujet, lisez ou relisez *Jean de Florette* et *Manon des sources* de Pagnol.

1. Comment la rivière apparaît-elle aux yeux de tous ?

2. Quels sont ses pouvoirs ?

3. Sous quel double aspect se manifeste-t-elle ?

4. Sur lequel de ces aspects insiste plus particulièrement la mère de Pascalet ?

5. Quel sentiment éprouve le jeune garçon devant cette rivière ? Qu'est-ce qui accentue davantage encore ce sentiment ? Relevez la phrase qui résume le mieux cet attrait.

Allons plus loin

Eau : quelles images, quelles évocations fait surgir en vous ce mot ? Rédigez un texte court illustrant vos impressions, un poème par exemple.

Imaginons

1. « Il n'en fallait pas plus pour me faire rêver de la rivière, nuit et jour. » Imaginez les rêveries du jeune garçon.

2. Imaginez la suite du texte.

Quelle corvée, la toilette !

Henri Vincenot (né en 1912) raconte son enfance dans La Billebaude.

Moment difficile pour les petits garçons : Henri Vincenot n'a pas échappé à « cette corvée » qu'est la toilette. Cette insistance peut vous sembler étrange, mais à l'époque il s'agissait d'une véritable « cérémonie ».

L'habit noir et la chemise blanche, elle les rangera une fois de plus dans l'armoire sans qu'ils aient servi. C'est le costume de ses noces qui, n'ayant été porté que pour les mariages et les enterrements, sera encore tout bon pour le mettre en bière[1].
5 Pour moi, il n'est pas question d'aller, avec lui, faire le pied le dimanche. Après ce lever en avance d'une bonne heure, après la corvée de bois, d'eau et de pain, c'est la toilette. Dure épreuve dominicale car elle a lieu en présence des femmes. Pas moyen de tricher en se contentant comme chaque jour d'aller
10 à l'auge et de s'y mouiller les cheveux et les oreilles, en s'ébrouant comme une pouliche, pour faire croire. Non, ce jour-là, dans le grand baquet posé sur la table de la salle commune, les femmes ont versé au moins trois litres d'eau tiède, au diable l'avarice ! et c'est sous leurs yeux que je dois
15 m'exécuter : d'abord enlever non seulement mon sarrau[2], mais mon chandail et puis ma chemise ! Drôle d'aria[3] !

J'essaie de donner le change[4] en barbotant bruyamment, en me torchonnant vigoureusement, pour avoir la peau rouge. Il y a déjà là suffisant sacrifice. L'eau n'est pas l'amie des
20 galopins, mais l'eau chaude, voilà leur pire ennemie, surtout si elle se corse[5] d'un savonnage qui vous rend la peau toute tendue et piquante. Après cette ébouillantée, la seule qui décrasse, paraît-il, on est tout ramolli, tout afaûtri[6]. Il s'en faut

---

1. *Le mettre en bière* : le placer dans le cercueil.
2. *Sarrau* : blouse ample portée par-dessus les vêtements.
3. *Aria* : activité, train de vie et par extension tintouin, tracas, difficulté (note du livre *La Billebaude*)
4. *Donner le change* : tromper.
5. *Se corse* : se complique.
6. *Afaûtri* : mou comme feutre (note de *La Billebaude*).

de peu qu'on ne retourne se coucher. Pis encore, pour utiliser raisonnablement cette eau tiède, il va falloir que j'y plonge les pieds et que je les savonne, et qu'ils y perdent la corne et les petits dépôts de crasse ambrée[7] qui les matelassent et les rembourrent ! Les pauvres pieds sortent de là-dedans roses et mous, tendres et douillets comme nourrissons, au point qu'il leur faut trois ou quatre jours pour retrouver cuirasse. Oui, crasse et cuirasse, ça rime, donc c'est vrai, et qui le dit ? le grand-père ! Le meilleur marcheur des quatre cantons, qui, lui, ne se lave jamais les pieds ! Alors ?...

Sombre dimanche !

Les femmes inspectent mes oreilles, mon cou, mes orteils et c'est deux ou trois fois que je dois recommencer ce travail ramollissant jusqu'à user cette chère peau, si souple et si élastique pour peu qu'on ne l'importune pas trop ; et après quoi, il me faut endosser chemise et chaussettes propres, autres carcans[8] qui râpent la peau, me gênent aux entournures[9] et que je dois endurer deux jours au moins avant qu'ils m'acceptent et deviennent mes amis.

Et c'est ainsi, mon garçon ! Les femmes de ta famille sont des amies de la grande propreté ! Chez nous on fait sa toilette toutes les semaines ! Voilà comme elles sont ! L'ère de l'hygiène commence !

Ma mère exige même que je me lave sous les bras, ce qui fait hausser les épaules aux grand-mères, il faut leur rendre justice. Sous les bras ? Je vous demande un peu pourquoi pas entre les cuisses, pendant qu'on y est ?

Ma mère m'explique que les ennemis des pauvres, car nous sommes des pauvres, paraît-il, ce sont l'incurie[10], l'intempérance[11] et la malpropreté. J'ergote[12] : « Mais qu'est-ce que c'est que cette malpropreté ? Je me lave une fois par semaine, on ne peut pas dire que je sois malpropre tout de même ! »

Henri Vincenot, La Billebaude,
Éd. Denoël, 1978, chap. 4.

---

7. *Ambrée* : de la couleur de l'ambre, jaune doré, marron.
8. *Carcans* : ce qui engonce, serre.
9. *Gêner aux entournures* : rendre mal à l'aise.
10. *Incurie* : laisser-aller, manque de soin, négligence.
11. *Intempérance* : abus des plaisirs.
12. *Ergoter* : contester.

Réfléchissons

1. Sur quel ton est racontée cette « dure épreuve » ? Justifiez votre réponse.

2. Qu'est-ce qui rend plus dure pour l'auteur sa toilette ?

3. Quel est le rôle traditionnel des femmes ici ?

4. Quels sont les signes qui montrent que la scène se déroule dans un milieu rural ?

5. Comment expliquez-vous que le jeune garçon ne se lave qu'une fois par semaine ?

6. Quels détails vous semblent surprenants aujourd'hui ? Relevez-les.

7. Quelles différences et ressemblances voyez-vous entre « la toilette d'hier » et « la toilette d'aujourd'hui » ?

Imaginons

Il est reconnu qu'en général les garçons n'aiment pas se laver. Racontez vos ruses ou celles de vos frères ou cousins pour échapper à cette corvée.

Mon enfance

Né à Ambert (Puy-de-Dôme), Antoine Sylvère (1888-1963) raconte sans complaisance aucune son enfance de petit paysan.

Dès qu'elle m'eut mis au monde, ma mère se trouva pourvue d'une source temporaire[1] de profits dont elle avait grand besoin. Devenue laitière sans perdre ses qualités de bête de somme, cette paysanne de vingt ans représentait une richesse que des informateurs bénévoles signalèrent sans délai. Après quelques marchandages, des bourgeois lyonnais s'en attribuèrent l'usufruit[2] moyennant quelques écus par mois, et les seins maternels partirent vers la grande ville faire la joie d'une prétendue petite sœur dont je ne puis me rappeler le nom.

Pendant que ma mère nourrissait à Lyon, mon père faisait une campagne de scieur de long en Normandie, dans la forêt de Brotonne, avec une équipe de gars comme lui, solides, sans exigences et capables de travailler quinze heures par jour pour établir qu'ils n'étaient pas « feignants ». L'entrepreneur y trouvait largement son compte et les grands hêtres s'abattaient, ouvrant des clairières plus ou moins meublées par les tas de rondins et les stères[3] de bois de brûle. Pluie et neige n'arrêtaient point nos bûcherons dont les membres ne craignaient pas la rouille. Mon père y gagna toutefois une pleurésie[4] qui lui fournit par la suite de bons sujets de conversation...

Ma mère, sans histoire, accomplit sa double mission et toucha des gages dont le montant paya la maladie de son seigneur et maître et assura le retour au pays. Comme dans toute équation bien posée, un zéro fut le terme de cette double spéculation, étant tenus pour négligeables l'engorgement chronique des poumons paternels et quarante années de petites misères, séquelles[5] d'une maladie soignée une fois pour toutes et pour laquelle il ne serait plus question d'engager de nouveaux frais[6].

---

1. *Temporaire* : passager, provisoire.
2. *Usufruit* : jouissance, possession.
3. *Stère* : unité de mesure équivalant à un mètre cube, utilisée pour le bois.
4. *Pleurésie* : inflammation de la plèvre, membrane enveloppant les poumons.
5. *Séquelles* : suites, restes.
6. Le père souffrira toute sa vie des suites de cette pleurésie mais, comme ils sont pauvres, il ne sera pas question de soigner ces suites. L'argent gagné par la mère est immédiatement dépensé en frais de maladie.

Voilà pourquoi je restai à Montsimon, chez mes grands-parents maternels, laissé aux soins de la Grande. Ainsi fut toujours appelée ma grand-mère, car notre famille s'embarrassait peu de mots inutiles. Le Grand, c'était le Garibaldi[7]. Il avait gagné ce surnom en affichant une admiration marquée pour le commandant des Chemises Rouges, à l'issue de la guerre de 70 à laquelle il avait participé en qualité de franc-tireur. Avec la Grande, ils avaient eu quatre enfants qui auraient à se partager, plus tard, un bien constitué par deux vaches dont la vente ne produirait pas plus de dix-huit cents francs.

Selon divers témoignages, j'avais été un beau bébé, crasseux mais satisfait et pétant de santé grâce à la Jasse, la plus vieille des deux vaches promue nourrice, qui m'avait donné son lait.

La pièce où j'étais né s'appelait le Cabinet. Elle était juste assez grande pour contenir deux lits, à l'exclusion de tout autre meuble. Un passage de la largeur d'une coudée[8] constituait au centre le seul espace disponible. Larges caisses de bois brut, bourrées de paille, ces couches rustiques étaient l'œuvre d'ancêtres depuis longtemps oubliés. Le jour pénétrait par une fenêtre carrée si étroite que je ne réussis jamais à la franchir. La vitre, chargée d'ans et de crasse, ne connaissait que le lavage des pluies chassées par la bise, si bien qu'on discernait à peine l'unique richesse artistique de ce réduit : l'image de première communion du Charles. Ce n'est qu'aux grands jours et après de longues instances que j'étais admis à la contemplation de cette bondieuserie[9], qui me présentait une théorie[10] de communiants des deux sexes, pieusement séparés, encadrés par un portique ornementé de volutes. Le Charles me lisait les caractères imprimés en arc de cercle :

Précieux souvenir, si vous êtes fidèle.

Le Grand était né là et, soixante ans plus tôt, son propre Grand, le vieux Vincent, si fin braconnier qu'après sa mort on ne devait plus voir, de longtemps, un seul lièvre dans le pays. C'est lui qui avait transmis le plus ancien souvenir de l'histoire régionale, celui du pauvre Damien Mouhet, roué vif sur la

---

7. *Garibaldi* : homme politique italien (1807-1882). Il lutta pour l'unification de l'Italie, puis combattit pour la France en 1870-71. Ses partisans portaient une chemise rouge.
8. *Coudée* : mesure de longueur de 50 centimètres.
9. *Bondieuserie* : objet de piété de mauvais goût.
10. *Théorie* : cortège, défilé, procession.

37 CHATEL-GUYON. — *Paysans chez eux*

Carte postale du début du XXe siècle.
*Je restai à Montsimon, chez mes grands-parents maternels...
j'étais aussi heureux qu'on peut l'être.*

place du Pontel, tandis que la foule à genoux récitait le chapelet.
    J'ai souvent revu le vieux berceau aux parois trouées de
70 losanges ; son poids interdisait de le libérer des deux crochets de fer qui le fixaient au plafond, au-dessus du lit de la Grande. On l'y trouverait sans doute encore, pourrissant sous les décombres de la chaumière si pauvre que nul amateur n'en

offrit le moindre sou après l'abandon des propriétaires, déserteurs forcés d'un sol qui ne les nourrissait plus.

Il ressemblait, ce berceau, à un cercueil d'enfant, par la dureté de ses contours. Des générations successives y avaient goûté leurs premiers sommeils. Des gaillards de haute taille y avaient commencé leur vie qui, pour certains, s'était achevée sur les champs de bataille de la République et de l'Empire ou dans les rizières du Tonkin. Des femmes vaillantes en étaient sorties pour travailler tôt et devenir mères de bonne heure. C'est tout ce que mes descendants auront à apprendre de cette lignée dont ne se détache que le nom du vieux Vincent, ancêtre glorieux, sabreur de Prussiens, tueur de lièvres et dépisteur de gendarmes. [...]

J'étais aussi heureux qu'on peut l'être. C'était un monde nouveau, sans cris, sans reproches, où régnait la bonté. Une société sans classes où les petits se trouvaient à leur aise.

Les jours de Montsimon étaient incomparables. Ils se succédaient, pleins et joyeux, dans un accord des choses et des êtres qui ne cessait de m'émerveiller. [...]

Grand-père avait soin de me maintenir dans un état d'activité qui absorbait tout mon temps, du lever au coucher. Les tâches se succédaient, pressantes, et je les acceptais comme autant de bonheurs. Chaque soir, grand-père m'informait que j'avais bravement gagné ma soupe, du ton d'un homme qui ne fait pas de cadeaux mais qui entend payer régulièrement ses dettes.

Je perdais la conscience douloureuse d'être utile, sinon gênant. Ici, je n'encombrais personne et chacun prisait mes services, sollicitant mon aide à tout propos pour « un coup de main » [...]

En toutes circonstances, grand-père me traitait comme un homme, sans prétendre m'imposer le respect de sa force, de ses connaissances ou de son âge. Il m'exposait ses vues et me faisait part de ses expériences. Il écoutait avec attention mes hypothèses[11] les moins justifiées et formulait ses objections[12] après avoir bien compris ce que je voulais dire. [...]

Les jours passés ensemble furent si peu nombreux qu'une année les contiendrait tous, mais leur importance fut primordiale pour moi. Par une sorte de pression continue, grand-père

---

11. *Hypothèses* : suppositions, idées.   12. *Objections* : arguments contre, oppositions.

m'inculqua le désir violent d'atteindre à la connaissance, objet de ses propres convoitises. Et il me transmit ce désir à l'état pur, indépendant de toute considération de prestige ou de profit : savoir pour savoir.

Antoine Sylvère, <i>Toinou</i>,
Éd. Plon, coll. Terre Humaine, 1980, chap. 1 et 4.

Réfléchissons

La misère

1. Quels détails précis choisit A. Sylvère pour souligner la misère de sa famille ?

2. Ses parents, des êtres exploités : justifiez cette affirmation.

3. Voyez-vous dans son texte l'expression d'un cri de révolte ? Quelle attitude adopte-t-il envers cette vie misérable ? Sur quel ton en parle-t-il ? Justifiez vos réponses.

Parents et grands-parents

1. Quelle opposition apparaît dans ce texte ?
Quels sentiments l'enfant semble-t-il éprouver envers ses parents ?

2. Quelle phrase résume le plus clairement ce qu'il ressent à Montsimon ?

3. Quel rôle ont joué pour Toinou ses grands-parents ?

4. Pourquoi aime-t-il autant son grand-père ? Que lui manque-t-il par conséquent chez ses parents ? Est-ce réellement de la faute de ces derniers ?

5. Quelle influence décisive a eu « Le Grand » sur Toinou ? Citez la phrase clé du texte.
L'ambition du grand-père pour son petit-fils a t-elle été satisfaite ? (Reportez-vous pour répondre à cette question à la *Préface* qu'a rédigée P.-J. Hélias pour le livre d'A. Sylvère.)

Le berceau

Sur quel ton ce paragraphe est-il écrit ?
Que pensez-vous de la comparaison utilisée par l'auteur ?

Allons plus loin

1. P.-J. Hélias et A. Sylvère : deux enfances fort différentes malgré quelques points communs.
Établissez une comparaison entre ce passage de *Toinou* et les différents textes du *Cheval d'Orgueil* traitant les sujets abordés par A. Sylvère. N'oubliez pas d'étudier le ton et le style de chaque auteur.
Quelles déductions faites-vous à partir de ce tableau comparatif ?

2. Lecture : *Jacquou le Croquant* d'Eugène le Roy (1899).

ROMAIN ROLLAND

Christophe et son grand-père

Comme tous les petits enfants, Christophe aime se promener avec son grand-père et écouter les histoires que ce dernier lui raconte.

Grand-père le prenait souvent avec lui, dans ses promenades du soir. Le petit trottinait à ses côtés, en lui donnant la main. Ils allaient par les chemins, au travers des champs labourés, qui sentaient bon et fort. Les grillons crépitaient. Des corneil-
5 les énormes, posées de profil en travers de la route, les regardaient venir de loin et s'envolaient lourdement à leur approche.

Grand-père toussotait. Christophe savait bien ce que cela voulait dire. Le vieux brûlait d'envie de raconter une histoire ;
10 mais il voulait que l'enfant la lui demandât. Christophe n'y manquait pas. Ils s'entendaient ensemble. Le vieux avait une immense affection pour son petit-fils ; et ce lui était une joie de trouver en lui un public complaisant. Il aimait à conter des épisodes de sa vie, ou l'histoire des grands hommes antiques
15 et modernes. Sa voix devenait alors emphatique[1] et émue ; elle tremblait d'un plaisir enfantin, qu'il tâchait de refouler[2]. On sentait qu'il s'écoutait avec ravissement. Par malheur, les mots lui manquaient, au moment de parler. C'était un désappointement qui lui était coutumier[3] : car il se renouvelait aussi
20 souvent que ses élans d'éloquence[4]. Et comme il l'oubliait après chaque tentative, il ne parvenait pas à en prendre son parti. [...]

Sa figure rayonnait, en rapportant des traits d'héroïsme[5] inouïs[6]. Il disait des mots historiques, d'un ton si solennel qu'il
25 devenait impossible de les comprendre ; et il croyait d'un grand art de faire languir[7] l'auditoire aux moments palpitants[8] : il s'arrêtait, feignait de s'étrangler, se mouchait bruyamment ; et son cœur jubilait[9], quand le petit demandait d'une voix étranglée d'impatience : « Et puis, grand-père ? »

---

1. *Emphatique* : pompeuse, grandiloquente.
2. *Refouler* : chasser, refréner, contenir.
3. *Coutumier* : habituel.
4. *Élans d'éloquence* : envies de discourir, loquacité.
5. *Héroïsme* : bravoure, courage.
6. *Inouï* : incroyable, extraordinaire.
7. *Languir* : attendre avec impatience.
8. *Palpitants* : intéressants.
9. *Jubilait* : se réjouissait.

Un jour vint, quand Christophe fut plus grand, où il saisit le procédé de grand-père ; et il s'appliqua alors méchamment à prendre un air indifférent à la suite de l'histoire : ce qui peinait le pauvre vieux. — Mais pour l'instant, il est tout livré au pouvoir du conteur. Son sang battait plus fort aux passages dramatiques. Il ne savait pas trop de qui il s'agissait, ni où, ni quand ces exploits se passaient, si grand-père connaissait Arminius[10], et si Régulus[11] n'était pas — Dieu sait pourquoi ? — quelqu'un qu'il avait vu à l'église, dimanche passé. Mais son cœur et celui du vieux se dilataient[12] d'orgueil au récit des actes héroïques, comme si c'étaient eux-mêmes qui les avaient accomplis : car le vieux et l'enfant étaient aussi enfants l'un que l'autre.

Christophe était moins heureux, quand grand-père plaçait au moment pathétique[13] un de ses discours rentrés qui lui tenaient au cœur. C'étaient des considérations morales, pouvant se ramener d'ordinaire à une pensée honnête, mais un peu connue, telle que : « Mieux vaut douceur que violence » — ou : « L'honneur est plus cher que la vie » — ou : « Il vaut mieux être bon que méchant » ; — seulement, elles étaient beaucoup plus embrouillées. Grand-père ne redoutait pas la critique de son jeune public, et il s'abandonnait à son emphase ordinaire ; il ne craignait pas de répéter les mêmes termes, de ne pas finir les phrases, ou même, quand il était perdu au milieu de son discours, de dire tout ce qui lui passait par la tête, pour boucher les trous de sa pensée ; et il ponctuait ses mots, afin de leur donner plus de force, par des gestes à contresens. Le petit écoutait avec un profond respect ; et il pensait que grand-père était très éloquent, mais un peu ennuyeux.

Romain Rolland, Jean-Christophe,
Éd. Albin Michel, 1931.

---

10. *Arminius* : chef des Chérusques, peuple de Germanie, demeuré populaire sous le nom d'Hermann : il détruisit les légions de Varus en 9 après J.-C.
11. *Régulus* : général romain célèbre pour son sacrifice : fait prisonnier par les Carthaginois lors de la première Guerre punique, il fut envoyé à Rome sur parole pour proposer un échange de prisonniers. Il dissuada les Romains d'accepter les propositions de Carthage. Loyal, il retourna ensuite se livrer et subit les pires supplices.
12. *Se dilataient* : se gonflaient.
13. *Pathétique* : émouvant.

ROMAIN ROLLAND

Réfléchissons

1. Qu'éprouvent l'un pour l'autre grand-père et petit-fils ? Relevez les termes les plus significatifs.

2. Romain Rolland écrit une phrase comparable à ce que dit P.-J. Hélias dans le texte sur le mois des contes, p. 28. Relevez ces deux phrases. Qu'en concluez-vous ?

3. Pourquoi le grand-père souhaite-t-il que Christophe lui demande de raconter une histoire ?

4. a) Est-il un bon conteur ? Justifiez votre réponse.
b) Comparez sa façon de narrer à celle d'Alain Le Goff.

5. Quels sentiments divers ressent le petit garçon en écoutant son grand-père ? Comment l'expliquez-vous ?

6. « Un jour vint, quand Christophe fut plus grand, où il saisit le procédé de grand-père ; et il s'appliqua alors méchamment à prendre un air indifférent à la suite de l'histoire : ce qui peinait le pauvre vieux. » Que pensez-vous de cette attitude ? Quel est le grand privilège de la petite enfance et qui semble disparaître ensuite ?

Allons plus loin

Pierre-Jakez Hélias — Romain Rolland — Antoine Sylvère.
Trois enfants, trois grands-pères. Comparez les trois textes en question.
Quelle conclusion plus générale pouvez-vous en tirer sur les rapports petits-fils — grands-pères ?

Le poêle

Émilie Carles, née en 1900, devenue à force de courage institutrice, raconte sans amertume son existence de petite paysanne.

Un village de la montagne briançonnaise, un père et ses six enfants. La vie est difficile et il faut lutter à chaque instant...

A la maison, mis à part les mois d'été où nous étions tout le temps dehors, nous vivions près de l'âtre. La cheminée dans laquelle brûlaient à longueur de journée de grosses bûches, servait tout à la fois de chauffage et de coin cuisine... Cette cheminée était assez haute, de la grandeur d'un homme à peu près ; dans le foyer, au-dessus des braises, il y avait en permanence la marmite à soupe pendue à une crémaillère[1] et, juste à côté, sur un trépied[2], des casseroles dans lesquelles cuisait la polenta[3] ou le ragoût. C'était rudimentaire[4] mais nous y étions habitués. Marie-Rose[5], comme tous les enfants, était fascinée par le feu... C'est nous qui nous occupions de l'entretenir et comme nous elle voulait s'approcher des flammes et déplacer les bûches sur les braises. C'était un domaine qui lui était interdit ; chaque fois qu'elle s'approchait trop près du feu, nous lui disions : « Marie-Rose, attention, tu risques de te brûler, ne t'approche pas » et elle obéissait. Un soir pourtant, elle s'approcha tant et tant que sa robe s'enflamma et qu'elle prit feu. Ma sœur aînée était là : quand elle la vit, elle eut le bon réflexe, elle courut chercher une couverture et revint à temps pour l'envelopper. C'est ainsi qu'elle la sauva, mais toutes les deux étaient brûlées aux mains et aux jambes ; ce n'étaient pas des brûlures trop profondes mais tout de même il fallut les soigner. Il ne fut pas question d'aller chercher un médecin. Pour quoi faire ? Pour les brûlures nous avions un remède plus efficace que n'importe quel médicament de pharmacien : la pomme de terre. On coupa de grosses

---

1. *Crémaillère* : instrument en fer qu'on fixait à la cheminée pour suspendre les chaudrons.
2. *Trépied* : ustensile de cuisine à trois pieds sur lequel on pose marmites et casseroles.
3. *Polenta* : bouillie de farine de maïs.
4. *Rudimentaire* : élémentaire, grossier, sommaire, sans perfectionnement.
5. *Marie-Rose* : la plus jeune sœur, alors âgée d'environ trois ans.

pommes de terre en tranches et on appliqua ces rondelles sur les brûlures. Mes sœurs criaient tout ce qu'elles pouvaient, mais elles avaient plus de peur que de mal.

Mon père aussi avait eu peur. Il partit dans l'heure à Briançon acheter un poêle. Quand il fut installé, nous restâmes des heures en admiration devant lui ; nous étions tous émerveillés par son « modernisme ». A l'époque il ne devait pas y en avoir beaucoup dans le village ; pour ma part c'était le premier que je voyais. Je m'en souviens très bien, c'était un gros poêle ventru[6] de forme triangulaire, à trois bouches[7]. On l'a inauguré sur-le-champ, mon père l'a mis en route et nous l'avons garni. Sur une des bouches on a posé la marmite, sur la seconde le fricot[8] et sur le troisième trou on a mis le chaudron pour l'eau chaude. C'était une vraie merveille. Pour moi, ce fut une révélation : ce n'est pas le poêle en soi mais le changement qu'il représentait, je peux dire que ce fut le premier grand changement dont j'ai été le témoin. Plus tard je devais en voir d'autres : la première cuisinière, la première ampoule, la première baignoire, la première voiture, le premier tracteur mais, de toutes ces nouveautés qui sont venues changer la vie des paysans, la plus impressionnante reste encore aujourd'hui ce poêle Thierry[9]. Il était drôle et chaleureux, tout comme un ami, et puis, on pouvait s'en approcher sans risque de prendre feu.

Le poêle mis à part, nous ne changions guère d'habitudes. Nous menions une vie de famille en suivant les principes de toujours. C'était le patriarcat[10] et tout ce qui va avec. En haut de la pyramide, mon père, tout arbre mort[11] qu'il se disait, menait la maisonnée à la baguette. Il était le maître et son pouvoir était d'autant moins contesté que ma mère n'était plus là pour le contrebalancer. Il avait tous les droits et sa puissance n'était limitée que par son propre sentiment de l'équité[12]. C'est ce qu'on appellerait aujourd'hui un pouvoir discrétionnaire[13]. Je ne veux pas porter de jugement ; mon père n'a

---

6. *Ventru* : de forme arrondie.
7. *Bouches* : les feux du poêle sur lesquels on pose les casseroles.
8. *Fricot* : ragoût.
9. *Poêle Thierry* : marque du poêle.
10. *Patriarcat* : système familial dans lequel le père a toute autorité.
11. *Arbre mort* : lorsque sa femme est morte en 1904, le père s'est comparé « à un arbre auquel on aurait coupé toutes les branches ». « J'étais debout, me disait-il, parce que l'arbre reste toujours debout par ses racines... moi aussi je suis resté debout car j'avais des enfants à nourrir, mais je ne vivais plus. J'étais un arbre mort qui n'a plus de sève » (p. 11, éd. Livre de poche).
12. *Équité* : justice.
13. *Discrétionnaire* : illimité.

jamais abusé de son autorité, au contraire, c'était un homme pondéré[14] dans tous les domaines. Il parlait peu, ce n'était pas dans les habitudes de la maison de faire de longs discours : « bonjour, bonsoir... Fais ci, fais ça... Je m'en vais, je reviens », était notre langage le plus courant... Avec moi, mon père se confiait, oh ! pas grand-chose ! Mais tout de même il m'en racontait un peu plus qu'aux autres. Pour les sentiments c'était la même chose : les manifestations de tendresse à l'intérieur de la famille étaient rares, les bises aussi. On embrassait mon père deux fois par an, le jour de son anniversaire et le jour de l'an. C'est tout ! Le reste du temps on le saluait, on lui disait « père » ou « papa » et, quand on lui adressait la parole, c'était toujours avec respect. La seule relation physique entre lui et nous se limitait aux corrections. Il n'était pas brutal mais nous y avions droit comme les autres. C'était la règle, on battait les enfants beaucoup plus qu'aujourd'hui... Moi, j'ai toujours été contre, toute ma vie j'ai été contre les violences physiques, mais là, à la moindre faute, qu'elle soit volontaire ou non, au moindre manquement aux règles, c'était une paire de gifles ou une fessée aux orties. Cet ordre n'était contesté par personne.

Émilie Carles, Une Soupe aux herbes sauvages,
Éd. R. Laffont, 1977.

Réfléchissons

La cheminée

1. Quelle importance revêt la cheminée aux yeux d'Émilie et de sa famille ? Comment l'expliquez-vous ?

2. Attirance et danger : justifiez ce double aspect du feu.

3. Pourquoi le père n'a-t-il pas recours à la médecine ? Cherchez les raisons de son attitude ?

Le poêle

1. « Ce fut le premier grand changement dont j'ai été le témoin. » Que ressent la petite fille devant « l'apparition » de ce poêle ?

2. Le poêle est comparé à un ami. Que signifie cette comparaison pour l'auteur ?

3. Montrez qu'Émilie Carles a vécu à une époque marquante.

---

14. *Pondéré* : réfléchi, calme.

4. Vous semble-t-elle partisan du progrès ? Justifiez votre réponse.

Le père

1. Relevez les traits les plus marquants du portrait qu'en trace É. Carles.

2. Quel est celui qui domine ? Relevez les termes qui le soulignent.

3. De quelle façon l'auteur parle-t-elle des corrections physiques infligées par son père ? Qu'en pensez-vous ?

4. Pensez-vous qu'il soit aimé par ses enfants ?

Allons plus loin

1. *Recherches* : Émilie Carles, née en 1900, énumère les nouveautés intervenues dans sa jeunesse.
Cherchez celles qu'elle a dû connaître par la suite dans son existence.

2. Pensez-vous que les corrections physiques soient nécessaires à la bonne éducation des enfants ?

3. Lisez *L'Enfant* de Jules Vallès.

La rentrée des classes

Né en 1935, Claude Duneton raconte ici, dans Parler croquant, *son premier contact avec l'école par un beau matin d'avril 1941.*

Je suis allé à l'école pour la première fois un matin de printemps, à la rentrée de Pâques. Nous étions plusieurs à monter au village avec nos mères. Il faisait beau temps, il y avait des pâquerettes au bord de la route, nous avions nos tabliers neufs qui se boutonnaient par-derrière, nos cartables neufs... C'était l'aventure.

Ça serre le ventre l'aventure ; alors, soudain, Fernand a eu besoin de faire un petit caca. Il a fallu s'arrêter à mi-côte pour l'attendre pendant qu'il faisait son besoin dans le pré, avec sa mère qui criait parce qu'on allait tous être en retard à cause de lui, et qu'elle n'avait rien pour l'essuyer. Je regardais les petites fesses blanches de Fernand — ça commençait mal pour lui... Sa mère l'a torché[1] avec une touffe d'herbes et on est reparti.

Dans la cour de la petite école, ce fut le remue-ménage habituel avec la gêne, les présentations timides : nos mères nous confiaient. Nous n'étions d'ailleurs que quatre ou cinq nouveaux ; les autres étaient des grands et des grandes, j'en connaissais plusieurs... Nous avions tous des sabots, des jambes nues, des têtes rondes, aux crânes plus ou moins rasés, des visages plus ou moins ahuris... Mes copains. Au moment de se mettre en rang sous la cloche, un des nouveaux s'est fait remarquer. Il était tout petit, vif, rieur, pas intimidé du tout par sa première visite ; l'institutrice l'a tout de suite appelé « Trois-Pommes ». Nous étions tous rassemblés devant la classe, qu'il faisait encore le clown en dehors de la file. Il trouvait cela cocasse de voir tout le monde agglutiné[2], il n'avait pas saisi le sens du cérémonial[3]. La demoiselle lui expliquait gentiment qu'il devait se mettre sur le rang comme les autres, mais il se rebiffait[4] : « *Qué me vòl ?* » répétait-il

---

1. *Torché* : essuyé.
2. *Agglutiné* : serré, pressé.
3. *Cérémonial* : protocole, règle établie.
4. *Se rebiffait* : se révoltait, refusait avec vivacité.

Je suis allé à l'école pour la première fois un matin de printemps... C'était l'aventure.

(« Qu'est-ce qu'elle me veut ? »). C'était le fou rire général sur le rang, parce que voilà : Trois-Pommes ne connaissait pas un seul mot de français. Sa grande sœur tâchait de faire l'interprète. Elle est allée le chercher, lui tirant le bras. Elle était
35 rouge de honte dans son tablier à carreaux, qu'il fasse cet esclandre[5]. Elle l'avait pourtant prévenu qu'il faudrait être sage, et tout !

Je regardais Trois-Pommes avec étonnement. Pour lui non plus ça ne commençait pas tellement bien. Nous avions six ans
40 tous les deux. Il venait d'un autre hameau[6], dans les bois, et j'avais sûrement dû le voir à la messe, plusieurs fois, mais on ne nous avait jamais présentés.

5. *Esclandre* : scandale.
6. *Hameau* : ensemble de maisons situées à l'écart d'un village.

Ce fut là mon premier étonnement sur le langage — j'en ai eu plusieurs depuis. Certes, nous parlions tous patois ; les conversations sur la route ne s'étaient pas faites autrement. Moi un peu moins que les autres parce qu'à deux ans une maladie grave m'avait valu un long séjour dans un hôpital à Paris. J'avais donc par hasard appris à parler français en premier lieu et mes parents avaient continué sur cette lancée. Cependant, tous les enfants passaient automatiquement au français dès qu'ils étaient dans la cour de l'école. — Trois-Pommes me paraissait bizarre de ne pas même comprendre « la langue comme il faut ». Ce que je ne savais pas, c'est que la chose était naturelle à l'époque, qu'il était fréquent qu'un enfant arrive à l'école sans connaître autre chose que le patois — de plus en plus fréquent du reste à mesure qu'on remontait dans le temps : trente ans avant nous, c'était tous les enfants qui arrivaient ainsi pour leur premier matin de classe. Puis, de génération en génération, ils apprenaient un peu le langage entre cinq et six ans, surtout après la guerre de 14-18. En fait, Trois-Pommes et moi, nous représentions symboliquement, et sans nous en douter, le tournant du siècle : en ce matin d'avril 1941 j'étais là, devant la classe, le premier enfant de la commune à se présenter dont le français était la langue maternelle ; il était, lui, le dernier qui arrivait à l'école sans en connaître un seul mot. Trois-Pommes, c'était un peu, en quelque sorte, le dernier des Mohicans...

Claude Duneton, *Parler croquant*,
Éd. Stock, 1977.

Réfléchissons

En route vers l'école

1. « C'était l'aventure » : justifiez cette phrase en imaginant ce que peut signifier ce terme pour un petit garçon de 6 ans.

2. Quelle atmosphère règne ce matin-là dans la campagne et dans la cour de l'école ? Est-elle propice à une bonne rentrée ?

3. « Le sens du cérémonial ». Qu'entend l'auteur par cette expression ? Sur quel ton la prononce-t-il ?

4. Le premier contact avec l'institutrice : en quoi est-il primordial ?

5. Relevez les détails amusants du passage.

CLAUDE DUNETON

Patois et français

1. Quel est le sens du mot « patois » ?
2. Pourquoi le narrateur est-il une exception ?
3. Expliquez et justifiez l'expression « langue comme il faut ».
4. Dans *Le Dernier des Mohicans*, le romancier américain Fenimore Cooper (1789-1851) relate la fin d'une civilisation indienne, celle des Mohicans. Pourquoi l'auteur met-il ce roman en parallèle avec le comportement de Trois-Pommes ?
5. Quelle évolution notez-vous en 40 ans ?

Allons plus loin

Comparez le texte de Claude Duneton avec celui de P.-J. Hélias (cf. texte 14, page 50). N'oubliez pas d'étudier la différence de style.

Table des illustrations

Pages   5 © D.R.
       7 Musée des Arts et Traditions Populaires - ph. J.L. Charmet © ND phot - Archives Hatier - D.R.
     21 Musée des Beaux-Arts de Rennes - ph. © Bulloz
     25 Musée des Arts et Traditions Populaires - ph. J.L. Charmet © Collection Villard, Quimper - Archives Hatier - D.R.
     29 Musée du Louvre, Paris - Ph. © Bulloz
     36 Fresques de Subiaco (Italie) - Ph. © Hayaux du Tilly
     75 Musée des Arts et Traditions Populaires - ph. J.L. Charmet © collection Villard, Quimper - Archives Hatier - D.R.
     85 Ph. © Hayaux du Tilly
     89 Ph. © Constantine Manos/Magnum
     93 Ph. © Collection Cahiers du Cinéma
     99 Ph. © Keystone
   115 Musée des Arts et Traditions Populaires - ph. J.L. Charmet © ND Phot - Archives Hatier - D.R.
   126 INRP collections Historiques - Ph. © J.L. Charmet - D.R.

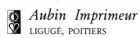

Aubin Imprimeur
LIGUGÉ, POITIERS

Achevé d'imprimer en décembre 1990
N° d'édition 12329 / N° d'impression L 36772
Dépôt légal janvier 1991 / Imprimé en France